自分の「市場価値」を知り
最高の結果を手に入れる

年収が上がる転職 下がる転職

山田 実希憲

すばる舎リンケージ

はじめに

こんにちは。

私は現在、転職エージェントとして、転職支援と企業の採用支援を仕事としています。「生き方と働き方を重ねていく」ことが私の仕事選びのテーマでもあり、転職支援にあたってのポリシーです。

そんな私がこの本を書こうと思ったきっかけは、自分自身の転職活動時に感じた孤独感と、普段ご支援をしている転職希望の人たちの切実な悩みを感じたことにあります。

私自身が転職活動を始めたのは8年ほど前になります。

私が当時働いていた業界は平日休みだったため、幼稚園に通い出した息子と休みが合わないことや、10年経っても年収が上がらなかった現状を変えたかったことが、転職活動を始めた理由でした。

自分に何ができるだろうかという漠然とした不安を解消できないまま、相談相手も見つけられず、求人票だけで応募するかどうかを判断していたことを思い出します。

そして、転職が正しいことかどうかもわからなくなっていた時に出会ったのが、転職エージェントでした。


キャリアについてどう考えたらよいのか、働くことに関する相談を親身に受け止めてくれたエージェントに感銘を受け、自分と同じような悩みを抱える人を助けたいと思ったことがきっかけとなり転職エージェントに転職しました。

私にとっては未経験の仕事であったこともかえって良かったのか、企業も人も喜んでくれる、この転職エージェントという仕事は新たなやりがいを生んでくれました。


以降、5千人を超える人たちとお会いして、仕事に関する悩みを伺ってきました。

そうして面接をさせていただく際、〝転職を考え始めたきっかけ〟を伺ってみると、多くの方が、人生の話になります。

そのことからも、結局のところ、働き方とは生き方を実現するためのものであって、キャリアとは目の前の仕事に取り組んだ結果でしかないことがわかります。

はじめに

現代の日本は、少子高齢化や人口減少など社会構造も変わり、年功序列や終身雇用制度も崩壊しました。

環境だけでなく技術の進歩などもあり、目まぐるしく変化していく時代なのに、一方で働き方や働く環境の選び方にはあまり変化が見られません。

本書では「転職」と「転職活動」を違う意味で使っています。

文字どおり、転職をするための活動が「転職活動」になるのですが、この活動こそが自分を知り、社会を知ってキャリア構築をはじめる第一歩になり、変化していく社会に対応する自分になる準備となると思っています。

やみくもに転職を勧めるのではなく、進むべき道を自分が選択できる状態になってほしいというのが、この本に込めた願いです。

私は、一生懸命やっているのに成果が出なかった人が、環境が変わったことでうまくいく姿を何度も見てきています。

そういった人たちの共通点など、自分がもっと早く知っておきたかった、と思う内容をまとめることにしました。

転職活動の始め方や転職エージェントの活用方法、ブラック企業の見分け方といったテクニックにも触れていますが、一番お伝えしたいことは、自分が主体的にキャリアを選択していく時代において、転職活動がその土台づくりとなることです。


会社選びは非常に難しいものだと思います。

自分に合った会社はこれ、といくら完璧なシュミレーションをしたところで、会社も自分も時代も変わります。

ひとつの手段にとらわれずに、どの会社に入るのがいいかという発想から、自分の生き方にどの仕事を組み合わせるのがいいかと考えてみる。

転職活動は自分の未来にとって前向きなものであることもお伝えしながら、自分がどう生きたいと思っているのか、キャリアについて考えるきっかけとなれば幸いです。

山田　実希憲

目次

CHAPTER 2

CHAPTER 3

転職エージェントのトリセツ

CHAPTER 4

ブラック企業の見極め方

CHAPTER 5

転職しないほうがいいことも

CHAPTER 6

転職活動スキルは生き続ける

装幀／遠藤陽一（デザインワークショップジン）

PROLOGUE

転職活動のススメ

どう始める？
転職活動

全てのビジネスパーソンに役立つ転職活動

私は転職エージェントとしてこれまでに5千人を超える方の転職支援を行わせていただきました。

しかし、やみくもに転職を勧めてはいません。

転職を考えるから相談にいらっしゃるわけですし、今の仕事にすべて満足している人は少ないのかもしれませんが、転職したからと言ってすべて満足に変わっていくわけではないからです。

ただ、転職するしないを別問題として、転職活動は全てのビジネスパーソンが始めるべきだと思っています。

それは、転職を検討しなさいということではなくて、自分を他者に伝えるために、転職活動は自分と向き合う、言い方を換えれば、自分を客観視しながらキャリアと向き合う絶好の機会になるからです。

「やり方」以前に不可欠な「キャリアの棚卸し」

さて、この本を手に取ってくれたあなたは、転職活動のはじめ方を知っていますか？

そもそも転職活動というと、どういった活動をイメージするでしょうか。

友人・知人への相談、リクナビNEXTやDODAといった転職サイトへの登録、履歴書・職務経歴書の作成、求人情報の収集、転職エージェントとの面談、企業との面接などが想像できるかと思います。

それぞれの具体的な活動内容についてのアドバイスは後述しますが、とにかくこれらの活動が日常的に行っている活動ではないことは間違いありません。

そして、これらの活動には前提として以下のことを把握することが欠かせません。

・自分が普段、どういった仕事をしているのか
・これから働き方をどうしていきたいのか
・自分を知らない人に、自分をどう紹介するのか

転職活動には、自分はどんな人間で、どんな経験をしてきたのかを他人に伝えることが不可欠です。

そのためには自分を知らなくてはならないのですが、いざ考えてみると、実はその自分をよく知らないことに気づかされます。

転職活動を始めるとぶつかる、「キャリアの棚卸し」と言われる壁です。


自分がやってきた仕事や実績を伝えるということは、数年～数十年分のキャリアを伝えるということです。

当然の話ですが、そのまま伝えたらどれほどの時間がかかるかわかりませんし、より明快に伝わるよう、整理してわかりやすくまとめる必要があります。

うまくいった経験やうまくいかなかった経験も含めて、過去の実績を整理していくこ

とで、自分は何ができる人であるかをまとめます。

その上で自分がやりたいと思っていること、過去の経験から再現性のある職務としてできることが見えてきます。

例えば、営業の仕事をしていたとして、過去の実績を数字で表現してもらうと、達成したかどうかは見えてきます。

しかし１００人中90人が達成しているケースもあれば、１００人中10人しか達成していないケースもありますし、キャリアの棚卸しとして考えると情報として物足りません。

その実績は、ただ商品やサービスが良かったから達成できたものなのでしょうか。

達成したいと強く思った気持ちや、どうしたら契約になるかを考え、実行した経緯など、実績につながった要因を掘り下げてみましょう。

お客様の本当のニーズの取得、顧客目線で考え抜いたプレゼン資料の作成、周囲を巻き込んで協力要請を行うなど、実績につなげるための思いと行動こそが、自分がやってきたこと、できることになります。

これは必ずしも飛びぬけた営業実績が出なかった経験であっても、同じことが言えます。

契約にならなかった理由を振り返ったのかどうか、その振り返りを行動として次に活かしたのかどうか、それがやってきたことです。

結果が出た人、出なかった人で終わらせず、どういう気持ちと行動で結果に結びつけた人か、これこそが再現性のある経験と実績だと言えます。

私が過去にお会いした中には、断られ続けてもアプローチし続けられる強さを持った人、トップセールスマンになりたくて社内のトップセールスマンの動きを観察し続けた人、他社と製品で差がつかないので売る人で差をつけようと努力を重ねた人など、たくさんのストーリーを聞いてきました。

その人たちは、実績につながった自分の思いや行動をしっかりと細分化して、具体的に振り返ったことで、次のやりたいことも明確になっていきました。

事実と気持ちの部分を分けて考えると、自分が充実感を感じるポイントに気づきやすいです。

「3つの円」で考える

そうして整理していくと、自分ができること、やりたいことについてはわかってきますが、もうひとつ、意識しておかなければならないのが、「価値があること」です。

価値があると言われてもわかりづらいかも知れませんが、「求められていること」と言ってもいいでしょう。

この「価値があること」は、できること、やりたいことに比べて、業界や会社をより客観的に見て、自分の置かれた立ち位置をはかる必要があるので、すぐには把握できないかもしれません。しかし、自分と向き合うことを通じて、自分と社会・業界との距離は見えるようになっていきます。

やれること、やりたいことであっても、社会から求められていることでなければ価値は見出しづらいです。

しっかりと「価値がある」という視点を得られる、つまり自分の市場価値はいかほどだろうと考える機会であるというのも、転職活動そのもので得られる大きなメリットです。

「できること」「やりたいこと」「価値のあること」の3つの円が重なり合う部分が見つかれば、それが転職で目指すべきところだと言えるでしょう。

転職理由に関わらず始め方は同じ

「現状に対する不満がある」「新たにやりたいことができた」「家族の生活スタイルが変わった」等、転職を考えるきっかけは人それぞれです。

それでも、転職を考える理由に関わらず、転職活動を始める際には、説明したように次の選択のために自分を知ることから活動を始めます。

その上で自分の市場価値を見定めていくのです。

実際、自分が生きてきた環境によって価値観が出来上がっているので、自分にとっての当たり前が社会にとっての当たり前ではないこともよくあります。

自らを振り返る、そこでやりたいこと、やれることを整理して、それが価値あることなのかを推し量っていくという順序が、転職活動を意味のあるものにするために効果的なのです。

他者目線によって自分のキャリアイメージができあがる

自分の「キャリアイメージ」を持つ必要性

「自分はこうなりたいんだ!」と強くイメージを持っている人はどれくらいいるでしょうか。

自身のキャリアイメージを強固に持っているのは素晴らしいことですが、私の経験上、持っていない方のほうが圧倒的に多いですので、へこまないで大丈夫。

ここでは「他者目線」というキーワードで考えてみます。

仕事の種類は数多くありますが、社会構造の変化やAI（人工知能）の発展、テクノロジーの発達などによって、5年後に今と同じようなやり方で続けられている仕事は少ないと予想されています。

そうした環境の変化の著しい時代ですから、キャリアイメージと言っても、10年後の綿密なキャリアプランを求めているわけではありません。

自分にとって食べていくための仕事である、という認識を持つことは良いことだと思いますし、それも非常に大切な考え方だと思います。

しかしその一方で、今の仕事はいつまでやれるものなのか、仕事がなくなった時に自分は何で食べていくのか、こういった視点も持って仕事に向かう姿勢も、これからの時代は求めてきているのです。

自分の「特性」は他者目線から見えてくる

自分の特性を知ることで、仕事で活かせる自分のスキルにまでつなげることができます。

自分が今までやってきた仕事が特別なものである、と自信を持って言える人はそう多くないと思います。

しかし、自分にとっては当たり前のことでも、他人から見るととんでもない努力をしているように見えることもあります。

実はこれが強みに繋がっていることが多いです。

替えの利かない仕事や、社会的に求められている仕事であることは、日常業務からは感じづらいかもしれません。

Aさんにとっては、同じ仕事を長時間繰り返すことが苦手だけれど、人と話すことは苦ではない。

Bさんにとっては、人と話すことは苦手だけれど、同じ仕事を長時間繰り返すことは苦ではない。

自分が仕事としてやっていきたいことの中に、得意や強みは必ず潜んでいるはずです。

なかなか自分では気づけないこうしたポジティブな特性を知るために有効なのが、「他者目線」です。

自身の「市場価値」を他者目線から計る

年収はわかりやすい市場価値の指標

先にお話ししたように、市場（会社、社会）から求められていないのであれば、自分でいくら価値があると思っても、残念ながらそれは無価値です。

あくまで、価値は市場が決めるのです。

転職する際の相手企業も、あなたの過去の実績や働き方から、自社の業務における価値を見出すから採用しようと思います。

あなたの強みや特性を、自社でも発揮してくれそうだという目算を立て、期待値を込めて想定年収を算出します。

やはり、市場価値をわかりやすく表すものは年収です。

転職理由の中でも、およそ60％とも言われる高い割合で給与に関する項目が出てきます。

当然、生活をしている中で大きな年収ダウンは避けたいところです。

近年は働き方改革の影響もあり、また、価値観の多様化にも伴って、年収を下げても働く時間を抑えたい、少し年収が下がってもやりがいを感じられる仕事に就きたい、などの要望で転職される人もいますが、大多数の人は年収を上げる転職を目指します。

そうした際、自分の適正な年収がわからないため強気に交渉ができるかどうかという悩みも非常に多く聞きます。

もちろん、自身の価値以前に、ある程度ビジネスモデルや利益によって給与水準は固まってきます。

ただ、旬な時期以外に野菜が高くなるように、欲しいけれど市場に流通量が少ない人に高い値段がつくことがある、ということは知っておきたい点です。

市場にあまりいない人材だから、給与水準を上げてでも採用したい、というケースです。

また、社内で退職者が出て、急な採用が必要になった場合に業務が止まってしまうことを防ぐために、相場よりも高い提示で即採用を狙ったケースもあります。

いずれのケースでも、自分に価値があると伝えたから値段がついたのではなく、採用ニーズがあって、その採用背景によって年収相場が固まってくるということがポイントです。

また、年収については、もちろん前年度の年収などが考慮されることが多いですが、あまりに相場から離れた提示の場合は入社後に年収が上がらない、2年目からは年収が下がる、などイレギュラーな状況に陥ることもあります。

提示された年収があまりに高いという場合は、慎重に捉えたほうがよさそうです。

「未来の自分」を明確にしておこう

近い将来の自分が見えているか

「10年後、どうなっていたいですか？」


今、この質問を投げかけられたら、あなたはどう答えますか？

その時に何をしている自分を想像するでしょうか。

家族のことを思い浮かべる人、仕事をしていないリタイア生活を思う人もいるかもしれません。

あるいは、今と変わらないでほしいという人もいるかもしれません。

人生100年時代と言われる中で、いつまで自分が働くかというのは大きなテーマになってきました。

健康的に生活できる期間が長くなること自体は、決して暗い話ではないはずですが、長生きするのは大変だという話題も見聞きするようになりました。

現実問題として、働かずに生活を続けていくための経済力を持つ難しさを感じる人は多いのではないでしょうか。

終身雇用と年功序列の制度の中で、ひとつの会社の組織ピラミッドを登っていくキャリアが当たり前であった時代、10年後の想像というのは10年後に部長になるといった「出世する」という言葉で表現ができました。

しかし、一社で勤め上げる以外の選択肢が増え、逆に会社の平均寿命は23・5年と言われる今の時代、およそ平均的なビジネスパーソンは2社以上でキャリアを構築していくことになり、定年が60歳、65歳……と、とにかく働く期間が長くなりました。

そうなると役職でキャリアを語るというよりは、自分が何をスキルとして仕事に向き合って、満足いく対価を得ているかということになります。

スキルを磨いてスペシャリストを目指すというキャリアもあるでしょうし、例えば英語×法人営業のようにスキルを掛け合わせていく生き方もあると思います。

いずれにせよ、先がわからないからこそ、自らが仕事を選択していけるように自分を知ることがポイントになります。

10年先のイメージが遠すぎるようであれば、3年後にどうありたいか、5年後にどうありたいか、中期的なイメージを考えてみると少し具体的になってきます。

また、こういったキャリアイメージを時々振り返りながら、想定との違いを調整していくことを、私は「キャリアのチューニング」と表現しています。

今後のキャリア構築にあたって、自分を知り、社会を知ることがキャリアを重ねる必須のスキルになっていくものと捉えて、定期的に他者目線を入れるチューニングを健康診断のように続けていきましょう。

まとめ

▶転職活動では、自分がどんな人間でどんな経験をしてきたのかを相手に伝えなければならないが、自分をよくわかっていない人がほとんど

▶転職では、「自分ができること」「やりたいこと」「価値があること」の重なり合うところを目指す

▶なかなかわからない自分のことは「他者目線」で考えるとわかってくる。自分のこれまでに「得意」や「強み」は潜んでいる

▶自分の価値ではなく、ニーズがあるから年収相場が固まってくる。相場とあまりにもかけ離れた年収には慎重に

▶先が不透明な時代だからこそ、自らが仕事を選択していけるよう自分を知り、将来どうありたいかをある程度明確にしよう

著者の紹介で同じ会社へ入社した8名がまさかの「山田会」結成

人材紹介事業では企業とも定期的にやり取りがあり、会社の業績や、採用計画の進捗状況、転職マーケットの情報交換などを行っています。

そのクライアント企業のひとつであるS社から、ある定例ミーティングの中で「山田会」のお誘いをいただきました。

「山田会とは何ごとだ……？」と思いましたが、今まで私からの紹介で8名がご入社になっていて、そのご紹介者が一堂に会した食事会が「山田会」でした。

転職理由はもちろん、性別、年齢、部署も異なる皆さんですが、それぞれが活躍をいただいています。

ただ、その8名の皆さんには個人情報保護の観点から、私からの紹介であることはお伝えしていませんでした。

しかし社員同士の距離間が近く、社内イベントも多い会社なので、入社された方同志の自然な会話から、転職エージェント経由で会社を知ったこと、その担当が山田だったことが共通の話題になったようです。

そして少しずつ、その輪が広がって「山田会」の開催に至ったとのことでした。


日頃から、転職支援をさせていただいた方には転職後も状況を伺うようにしているのですが、入社した人たちが私という言わば〝脇役〟を通じて繋がり、「実は、仲良しです！」といったお話を聞くというのは初めての経験で、とても嬉しいサプライズでした。

今の部署で頑張っていること、転職してよかったと奥さんも言っていること、次は自分の部下を採用したいというご相談があったことなど、自分の仕事が転職を考えている人の人生、ストーリーに関わっているという実感が得られた会でした。

今では、その中からお二人が役員になられました。

全てではありませんが少なからずご縁を感じていますし、事業が加速していく企業の採用支援という形で今もお手伝いさせていただいています。

自分の名前が付けられた会は照れ臭くもありましたが、定期的にお会いするようになって、今では「山田会」と聞くと自然と笑みがこぼれてきます。

CHAPTER 1

年収が上がる人
下がる人

転職すると年収は上がる？　下がる？

6割の人は年収が上がらない

転職して年収が上がった人、現状と変わらなかった人、下がった人の割合をご存知でしょうか。

厚生労働省が雇用動向調査結果として毎年発表している資料があります。

その中の「転職入職者の賃金変動状況（平成30年）」という統計表では、およそ40％の人が年収が上がり、30％は変わらず、30％が減少したとなっています。

つまり、転職した人のうち60％が年収が変わらず現状維持か、下がっているということになります。

それはなぜなのか、少し整理してみましょう。

一般的に年収が下がるケースとして多く見られるのが、直前年収を基準としながら、転職先の会社での実績はまだ出ていないので今の年収よりも（10％以内程度）低く提示されるケースです。

想定年収の提示は、期待値が数字となって出てくるものです。

企業にとっても人材にとっても、今までの経験が活かせるイメージを持ちやすいのは同じ業界、同じ職種での転職であるのはおわかりいただけると思います。

異業界への転職となれば、成果が出るかどうか読みづらくなりますので、年収を下げないために、同業界同職種での転職が多くなっているのが現実ですが、それでも若干低い年収が提示されることがある、ということです。

また賞与支給のタイミングによって、一年目（初年度）だけ年収が下がるケースも多くみられます。

内定時に提示される想定年収は今までと変わらない（現年収維持）のですが、入社して最初に迎える賞与はタイミングによって満額支給されないことが多いため、年収としてみると減ってしまうケースです。

「想定年収」とは、賞与が確定した金額ではないために想定という表現が使われているものです。

賞与自体が必ず払わなければならないものでもないこと、会社業績や個人業績によって変動があることから確定していない金額となります。

ただ、賞与が保障された採用ということもあり得ますので、初年度の支給については事前確認をしてみましょう。

提示上は現状維持であったとしても、実質は減ってしまうとなると生活上で不具合が出てしまうケースも考えられます。

ちょっと違った例ですが、給与支給日が月末締、翌月25日払いの会社に入ったため1ヶ月間無収入状態になってしまい、慌てて相談を受けたこともありました。

また、年収を下げてでも転職したいという人は少数派ですが、仕事に就かなければならないので、多少下がってもやむなしという選択をする人も一定数います。

時期的な優先度が高くなって、選んでいられないという状況ですが、できる限り避けたいところです。

これらの基本的なことを知らないがゆえに、結果的に年収が下がるという望まない結果になってしまうことがあります。

年収をどれだけ重視するかには個人差があれど、収入が下がることを歓迎しますよ、という人はいないでしょう。

普通に転職しようとしたときに抜けがちなこうしたパターンを知っておくことで、望まずに年収が下がるというリスクを軽減できます。

転職が働き方の中で当たり前の選択肢になってきた現在だからこそ、知っておいていただきたい要素です。

まず知っておきたい「給与水準」

給与水準と市場価値はリンクしている

本章では転職によって年収が上がる人、下がる人の違いはどこにあるのかという話をいくつかのパターンで提示していきます。

もちろん、給与水準だけを理由に転職を志すわけではないと知っていますが、ここであらためてお伝えするのは、年収が上がる理由、下がる理由は市場価値と連動しているということです。

つまり、自身の市場価値と給与水準はリンクしているわけです。

転職を含めたキャリア形成のヒントとして、まとめていきましょう。

まずは、そもそも給与水準はどのように決まっているのかを見ていきましょう。

給与水準はどのように決まっている？

シンプルに言えば、給与は会社の売上よりも高くは払えません。

会社の売上げ　－　経費（給与、仕入れ、その他）＝会社の利益
1億円　－　1億円＝0円

会社として1億円を売り上げていて、メンバーが10人いて、かつ成果が均等である場合、一人あたりの売上げは1000万円です。

この場合、全員に1000万円ずつ給与を支払っていては、会社に利益が残りません。当たり前ですね。

仕入れを安く抑え、その分を人件費（給与）に充てている会社もありますし、他の事業が好調なので同業他社よりも高い給与水準を出す会社もあります。

ここでお伝えしたいのは、入ってくるお金（売上）と、出ていくお金（経費、仕入れ原価など）、残りが利益、が基本となる以上、同じ業界の利益構造は似てくるということです。

言い方を変えると、異業界の給与水準には違いが明確に出てきます。

みなさんも、ボーナスの時期や、新卒採用が活発になる季節に「業界別の年収ランキング」を見たことがあると思います。

世代別にまとめているケースもあり、例えば40代の平均年収について

・1位　コンサル業界１３１６万円
～
・64位　介護業界４０１万円

と、実に3倍以上の差があります。

先に少し触れたとおり、給与水準は同じ業界内でも一律ではなく、差があるものではありますが、業界の違い・ビジネスモデルの違いによるそもそもの給与水準の差は大きいということをわかっておきましょう。

年収が上がる転職①「オンリーワン採用」

自分の経験を持った人がいない会社ならより高く買ってもらえる

年収が上がる転職の仕方のひとつに、その会社に同じ経験を持った人がいない、「オンリーワン採用」があります。

この方法は、現在の年収が業界の相場と比較して高いのか低いのか、といった物差しに影響を受けづらいのが特徴です。

採用側からすれば、その人材と経験を手に入れるためにコストを支払うという意識が強く働くためです。

例えば、ある会社が今までとは業態が異なる新規事業を立ち上げる際に、社内に経験者がいなかった場合。

社内の未経験人材が別事業を担当するよりも、すでに事業経験をしている人が立ち上げるほうが早く、再現性も高くなる、と想定されます。

会社は事業を成功させたいわけですから、その確率が高くなる方法を選びます。

他に事業担当の候補者がいる場合には、その人との比較検討になりますが、とにかく任せたい仕事内容での採用経験がそれまではありませんから、判断する物差しも社内にありません。

参考になるのは現年収や、生み出される利益からの期待値になりますから、必要な人材獲得のために今の年収より下回るオファーは考えづらくなります。

若年層のオンリーワン採用もある

このような、新規事業立ち上げの責任者採用がわかりやすい例ですが、実は、若手にもオンリーワン採用が期待できるケースもあります。

それが、社内にシニア層が多く、会社の未来をたくす人材がいない会社が若手の採用を行うケースです。

フットワークや素直さを発揮して、将来の幹部候補として成長を見込んだ採用になります。

後継者がおらず廃業する中小企業が増えているなど、特に若年層の労働人口減が加速する日本においては、こうしたケースは今後も増加することが予想できます。

また、もともと20代の初めての転職は、年収が上がる確率が高いというデータがあります。

上がるか下がるかの基準となる現在の給与が低いという事実と、数年先の年収アップよりも目の前の年収アップを求める傾向があるからだと捉えています。

オンリーワン採用は求められている成果が明確です。

とにかく今より高い給与をとりに行くという動機よりも、成果へのコミットこそが給与水準を上げていく最大のポイントであることを、努々忘れないようにしましょう。

年収が上がる転職②「ピラミッド採用」

大きなピラミッドから小さなピラミッドへ移る

大きな組織を登り続ける目線から、登る山を変える「ピラミッド採用」を狙って年収が上がる人もいます。

例えば上場企業での経験をもってベンチャー企業に移るなどです。

成功したベンチャーによるIPO（株式公開）などがニュースとして耳にすることもあるかと思います。

そのようにして会社のステージを上げていく際に、すでに先のステージにいる会社での経験を持つ人材が必要とされています。

「上が詰まっている」という表現を聞いたことがありますか？

ずっと課長や部長として君臨している人がいて、新しい部署が出来るわけではないとなると、ポストがあかない状態が長く続きます。

辞める人が少ない、そして全員が部長や役員になれるわけではない組織のほうが、そうでない組織に比べて圧倒的に多いです。

こういった組織から、ピラミッドを変えて、転職時に役職が付かなくても、役職者になる可能性が高いと見込んだ転職は、将来的な年収を上げる選択肢になり得ます。

また、必ずしもピラミッドの大きいところから小さいところへ移るばかりではありません。

同じサイズのピラミッドでも、給与水準が高い別業界での転職で年収を上げることも可能です。

やはりこの採用も、企業側からの期待値があるからこそ年収が上がっていきます。

期待値が明確になっているという点に注目をして、自らがどう応えていくのか、入社後のイメージをしっかり持つことがポイントになります。

年収が上がる転職③「経験延長採用」

同じ仕事で給与水準が高い会社を選ぶ

自分の勝ちパターンを知っていて、その勝ちパターンで戦える会社を選ぶのが、「経験延長型採用」で年収が上がる人です。

転職を検討している際、業界トップの企業とスタートしたばかりの企業で比較した場合、普通に考えたら業界トップの企業のほうがよさそうに見えます。

しかし、業界トップの企業よりも、スタートしたばかりの企業のほうが自分の勝ちパターンで戦えるのであれば、スタートしたての会社を選ぶのです。

例えば、営業職でシニア世代に対する成約率が80％、若年世代の成約率が50％だった人がいたとします。

この人は、誰がどう見てもシニア世代への対応を得意としている、すなわち、それが勝ちパターンになりますが、顧客層の選り好みが出来ませんでした。

若年世代に対してもどうにか対応してきたその人が、シニア世代に特化した会社に移ったら、業績はどうなるでしょうか。

同じ業界で、これまでと同じような仕事を、自分の勝ちパターンでずっとやれるのですから、当然業績は上がります。

そうすれば必然的に給与も上がるわけです。

またもうひとつ、同じ仕事でも、そもそもの給与水準が違うケースもあります。

先にも説明した通り、基本的に同じ業界ではビジネスモデルや給与水準は似てくる傾向があります。

しかし、ターゲットにしている顧客層によって、利益率が変わることはままあり、それによって給与水準が高い会社が存在します。

また、成長企業で優秀な人材を確保するために、採用力強化の一環で給与水準を高くしている会社もあります。

この気づきは、自社以外の競合他社に目を向けることから得られます。

自社と他社の違いは何か、優位性はどこにあるか、業界全体の中での立ち位置を知ることが必要です。

それらの情報を得た上で、自分の勝ちパターンに目を向けていきます。

勝つための条件を揃えるため、具体的なイメージをどんどん膨らませます。

この姿勢は面接にもあらわれます。

今までの自分の仕事を分析しないと、勝ちパターンが見えてこないのは、あらためて言うまでもありません。

つまり、面接で実績を聞かれた時に、なぜ業績が良かったのかを語れる人と語れない人では勝ちパターンの再現性がまったく違ってくるのです。

そして、それは採用側もわかっています。

面接は人にとっても会社にとっても、知りたい情報を多く得られる機会です。

自分の勝ちパターンで戦えるかどうかを知るために、人材側から企業に対して、業績に直結する具体的な質問が出てくるほど、評価されるポイントになります。

勝ちパターンをイメージして、再現性が高い状態で転職活動をするわけですから、企業も高い期待値に対して年収を上げてでも採用したくなります。


一方で、働く時間や仕事量を減らして、同じ仕事をやれる会社を選ぶ人もいます。

同じ仕事なので経験を活かせますし、ワークライフバランスを整えるための転職であれば、目的は果たせます。

ただ、仕事量を減らした働き方が長く続けられるかどうかの見極めは必要です。


仕事量が減らせる事業というのは、成長段階を過ぎた事業である可能性があります。

事業規模が小さくなっていく場合は、年収はよくて現状維持、結局は下がってしまうということがよくあります。


人生において何を大切に思うかは、100人100とおりでしょうし、それぞれが素晴らしいものだと思います。

ただし、先述のような、同業種のなかで、労働の時間や量を減らす形の転職は、多くの場合収入は減ることになります。

つまり、年収が減る転職になるわけです。

経験から強みや勝ちパターンを見極めて年収を上げた人と、経験をそのまま活かしていく人には、スキルと経験ともに差が出ます。

あなたは、自分の勝ちパターンを知っていますか？

その勝ちパターンを再現できる環境の会社がないか考えてみてください。

年収が上がる転職④「役職付き採用」

マネジメントによる付加価値を知る

出世の基準は企業によって異なります。

よその会社では役職者として仕事をしている水準でも、今の会社ではまだまだその程度では役職は与えられない、という判断をされていることはよくあります。

社内の人事制度というのはあまり社外に開示されません。

比較する機会も少なく、人事制度を学ぶ機会も多くはないため、役職に就く方法や、その難易度は判断が難しい部分でもあります。

役職に就くことで評価基準も自分の成績と、自チームの成績の2つの軸となることが多く、成果を残すことでリターンが大きくなって給与が上がります。

またもう一つ、マネジメントという役割に対して、リーダー給、役職手当といったプラスαが加算されるパターンがあります。

会社として重要な役割であることに間違いはなく、役職につけるかどうかは、評価と給与に大きく関わってきます。

さて、この「役職付き採用」は狙っていけるのでしょうか。

プレイングマネージャーという形の採用

プレイヤーとしてキャリアを突き進む道がある一方で、組織全体の規模拡大をはかるためのひとつの手段として、プレイングマネージャー（自らがプレイヤーとして結果を残しながら、自部門のメンバーの結果に対しても成果を求められるポジション）を求める採用もあります。

プレイヤーとしてだけでなく、メンバーへのマネジメントも担うことから責任の範囲が広くなるため、給与水準は上がる傾向にあります。

特に中小企業では新卒採用を毎年行わない会社も多いため、平均年齢が高く、長きにわたって下っ端という立場が続くケースがあります。

何年経っても部下が出来ないため、人に教えることで自分も気づきを得て、より成長していくという過程が経験できません。

大手企業では当たり前かもしれませんが、中小企業では必ずしも同じ成長機会が用意されているわけではないのです。

そうした背景もあり、マネジメント経験がないがマネジメントもできる会社に行きたい、という転職相談が増えるのが30代の人たちです。

給与を上げるために移る人もいれば、給与が下がってもいいからマネジメント経験を求めるという転職も増えています。

年収が上がる転職⑤その他のケース

これから成長が見込まれる業界・会社を選ぶ

ＧＡＦＡ（Google、Amazon、Facebook、Apple）と言われる企業が提供する製品やサービスを、日常生活のどこかの場面で利用している人も多いのではないでしょうか。

さらには自動車配車アプリ「Uber」や、宿泊施設を貸し出すプラットフォーム「Airbnb」など、流行りのビジネスというものがあります。

「流行り」ということは需要があるということに他なりませんから、業界・企業としての成長が見込めます。

先にお話したとおり、給与は元となる売上がなければ払われませんが、元となる売上増が見込めるのであれば、年収が上がる確率も上がる、というわけです。

一方で、技術の進歩によって業界全体が一気に縮小してしまったビジネスもあります。例えばフィルム業界では、デジタルカメラやプリントの技術革新によって、フィルムの売り上げは全盛期から比べて、たった10年で1／10まで減少しました。

10年前に比べて市場規模自体が縮小している業界で、給与水準を上げようとするには、自分自身の頑張りだけではなく、業界自体が生き残れるかどうかという環境にも立ち向かっていかなければなりません。

今の仕事内容にスキルを一つ掛け合わせる

営業というキャリアを歩んでいた人が、海外で働く機会を得て、英語スキルが身に付いた時に、

営業 × 英語コミュニケーションスキル

というように「英語を使いこなす営業」という人材ができあがります。

また、別の例では、ITエンジニアとしてのキャリアに、部下の育成経験を踏まえたスキル教育が得意という要素を掛け合わせて、

ITエンジニア × スキル教育のエキスパート

という形で、育成ができるエンジニアとして講師に引っ張りだこになった方もいます。

私の場合は、建設不動産の職務経験に、人材紹介の経験が加わって、「不動産がわかる転職エージェント」が出来上がりました。


このように、一つひとつはありふれた要素でも、掛け合わせることによって大きな強みになることがあります。

ときには、自分では思ってもみないことが自身の市場価値を大きく上げる要素になることもあります。

年収を上げる転職を目指す際に、是非確認したいところです。

まとめ

▶転職者の６割は年収が現状維持か低下している。「想定年収」など基本的な知識を得て、望まずに年収が下がるリスクを減らそう

▶同じ業界の利益構造が似てくる以上、給与水準も似たものになる。業界・ビジネスモデルが違うことによる給与水準の差のほうが大きいことを知っておこう

▶年収が上がる転職の基本４パターンは、「オンリーワン採用」「ピラミッド採用」「経験延長採用」「役職付き採用」。それぞれ特徴が違うが、いずれも採用する企業側のニーズがあるから年収が上がるということを覚えておこう

▶需要増が見込める業界なら、年収が上がる確率は上がる。逆に、業界が一気に縮小することもあり、そうした業界での年収増は至難。業界も見定めなければならない

▶一つひとつはありふれた要素でも、掛け合わせれば大きな強みになり自身の市場価値を大きく上げることがある

年収400万円が800万円にアップした！

ある地方都市で不動産鑑定士として活躍をしていたKさん。

家族事情や、年々先細る地方の鑑定業務需要を危惧して、転職活動を始めます。

当時の年収は400万円。

食べていくのに困る水準ではなかったものの、お子さんもいてこれからの将来を考えると必要十分とまではいきません。


面接は順調に進み、採用方向に話が進んでいるタイミングで、年収に関する交渉をエージェントである私が任されました。

企業に対してKさんの希望として伝えたのは、今の給与水準が低いこと、給与だけが決め手で志望しているわけではなく、企業に対する活躍を誓っているということ。


企業側も、採用したい気持ちと現在の不遇を聞いていたこともあって、役員の「出してやれ！」の一言で、希望を超える８００万円の提示がありました。
この会社は半期年俸制だったので、書面上、ぱっと見の提示額は４００万円。
実は半期年俸ですよ！　とお伝えした時の驚きと喜びと、そこに応えたいといったKさんのお顔は今も鮮明に覚えています。

年収が４００万円になる前は、１千万円以上の給与を得ていたこともあった人でしたので、１千万円↓４００万円↓８００万円と乱高下したことになります。
同じ資格であっても、所属する業界や仕事の仕方によって、水準が大きく変わる驚きと怖さもあらためて感じました。

前年収がいくらだったのか、企業が提示する年収の判断材料になってはいるのですが、ここにとらわれ過ぎずに、現在の年収が低いと根拠をもって相談できたケースになりました。

転職後にお会いした時も、相変わらず謙虚さと持ち前の明るさで活躍されている様子。

スキル・経験と人物面を評価してくれる企業とつなげられた、という意味で記憶に残る支援となりました。

CHAPTER 2

転職活動のイロハ

無料・短時間で始める転職活動

すぐにできる転職活動の流れ

本章では費用をかけずに、キャリアや転職の悩みを解決する方法をご紹介していきます。

転職エージェントによる転職支援、転職サイトへの登録や求人紹介、面接対策やレジュメ（履歴書、職務経歴書）の添削に関しても、費用をかけずに進めることができます。

まずは、具体的に転職活動とはどういった活動を指すのか、転職を検討し始めたタイミングから実際に転職するまで、一連の流れをステップごとに分解してみましょう。

□転職活動の流れ

- 自分研究（どんな環境で働きたいのか、好きで得意なことは何か？など）
- 業界研究（業界の今後、勢力図、利益構造　など）
- 転職エージェント面談（キャリアカウンセリング）
- 求人情報収集（転職サイト登録）
- 面接対策（面接同席するケースもあり）
- 退職交渉
- 入社前準備

転職活動は大別すると、自分がどういった選択をするのかなどの「自分自身と向き合う活動」と、業界や会社などの「相手と向き合う活動」に分けられます。

転職を考え始めるというのは、その実、キャリアや人生を考えることと同じです。答えの出ない問題に向き合うことだとも言えます。

自分の人生ですから、自分が決めればよいのですが、転職も含めたキャリア相談ができる「場」はあまり多くありません。

転職活動の基本的な流れ

▶**求人情報収集**（転職サイト登録　WEB 検索　など）

⬇

▶**転職エージェント面談**
（※キャリアカウンセリング、面接対策、面接同席　など）

⬇

▶**自分研究**
（現状の問題点は何か、好きで得意なことは何か　など）

⬇

▶**業界研究**（業界の今後、勢力図、利益構造　など）

⬇

▶**応募・選考**

⬇

▶**内定・内定承諾**

⬇

▶**退職交渉・引継ぎ**

⬇

▶**入社前準備**

相手を見る、相手に見てもらうだけでなく、
自分自身とも向き合うことで
よりよい人生に近づける転職活動になる

しかし、答えが出せないからといって、転職のきっかけとなった出来事や環境にフタをしてしまうのも、もったいないことです。

大きな夢や希望でなくても、自分なりの良い人生をイメージしたものとズレが生じている可能性に気付いたのですから。

また、世の中が非常に速いスピードで変化している中で、自分が変化しないことのリスクについても捉えてこそ、安定した生活基盤が固まると考えます。

思っているだけで望んだようになれば良いのですが、なかなかそうもいきません。変化は、行動によってこそ始まっていきます。

転職すべきかどうかを自分が判断するためだけでなく、自身の人生をよりよくするためにどうすべきかを考えるためにも、転職活動は役立つものなのです。

まず人と会ってみる

転職活動の第一歩として具体的に何から始めるか。

無料で始めると言いましたが、カフェ代くらいは出してとにかく人と会ってみることから始めてみるのもおすすめです。

転職の経験者、気になる業界で働く友人、知人、先輩や後輩でもいいかもしれません。自分の立ち位置や人生観を振り返るために、他者から見える自分を知る機会をつくってみましょう。

また転職の仕方、キャリア構築といった少し専門的な考えについて情報収集したい場合に、転職エージェントを活用するのもおすすめです。目的は求人に応募することではなく、多様になりつつある働き方と自分の生き方をイメージするために、他者目線を自分に取り入れるためです。

キャリアカウンセリングと求人紹介は似ているようで、少し異なります。とりあえず求人に応募してみましょう、という転職エージェントもいますし、それが間違っているとは言いません。

しかし、自らのキャリアを主体的に選択していくために転職活動をスタートさせたはずが、面接が進んだり、既成事実が積みあがって断りづらくなってしまったなどの理由で行動が制限されるのは賛成しません。

自分を知らない人に伝えることで、自分を知る。

大量の求人情報を延々と眺めるよりも、自分を知ることでこそ、短時間でキャリアの軸、方向性が固まります。

友人、知人、先輩や、転職エージェントなど、自分の選びやすい相手で構いませんから、他者のフィルターに自分を通してフィードバックをもらうのが、転職活動の最初の一歩として非常に有効です。

是非試してみてください。

キャリアイメージを持って、社会にはそのイメージに沿った仕事があるのかどうかを客観的に見定めるためのパートナーとして転職エージェントを活用する方法も3章でご紹介します。

「ご縁」を引き寄せるスケジュール設定の工夫

日時は具体的に決めるようにする

転職活動を始めると、情報収集のための知人友人、転職エージェントや会社の人事担当など、人と会う機会が増えます。

会うことで直接的なご縁に繋がることもあれば、会った人が違ったご縁をつないでくれることもあります。

単なるスケジュール設定というよりは、人と人がつながっていくための入口となる行動です。

そして人と会う約束をする方法にも、ちょっとしたコツがあります。

相手あってのことなので、自分の都合ばかり押し付けるわけにはいきません。

しかし、希望を伝えないことには話が進まないため、例えば仮日程でもよいので、まずは日にち、時間を先に決めてしまうようにしましょう。

日程が近づけば双方が気にかけて、会うことが前提になった動きがとられるようになります。

場所も決まっていきますし、もし本当に都合が悪くなれば再調整すればいいだけです。


自分の過去の経験を振り返ってみても、経験があると思いますが、「近いうちに会いましょう」「落ち着いたら連絡ください」などの約束は実現しないことが多いです。

なんとなく会えればいいや、ではなくて、会いたいので会いに行く、そのために日時を決める。

言葉にするとあまりに当たり前な話になるのですが、やり切れていないケースが多くみられます。

相手の都合をもらうという意識の中で、実際に会えた時にはしっかりと感謝を伝え、縁を広げてみてください。

面会時のスケジュール設定のコツ

「近いうちに会いましょう」
「落ち着いたら連絡ください」

なんとなく会えればいいや、
では実現しないことがほとんど……

⇩

! POINT

・仮でもいいので最初から日時を具体的に設定する
・オフィシャルな面会や面接の日時設定の時は、
どうしても不都合な日時を伝えたり、
候補日時を幅広く伝えるなどする

特に転職面接などの日程は
調整しづらいことを意識して、
主体的にスケジュールをコントロールしよう

また、オフィシャルな会社の面接・面談日程を決める場合は、より相手側の事情を汲んでおく必要があります。

・基本的にビジネスタイム（10：00〜18：00など）内で日程調整されることが多い
※例外的に土日などの祝日、早朝の時間帯での対応など可能な場合も
・複数名が参加するケースも多く、社内のスケジュール調整の時点で枠が少ない

つまり候補日程が取りづらく、ある機会を逃すと次の日程が数週間先になってしまうこともあります。

「18：00〜はどうですか？ ⬇ 18：00〜はダメです」というようにお互いの希望を単発で打ち合うだけでは、いつまで経っても日程が決まりません。

どうしても不都合な日時だけを避けてもらうため、調整できない日程を伝えたり、候補日程を広く伝えるなど、動きをとっていきましょう。

当然、転職活動をしているこちらとしても、働きながら転職活動をしている中で、いつでも自由に面接のために外出できるわけではありません。

移動時間も考慮すると2時間を超える外出が何度もできるわけではありません。

お互いの希望日程が合うのは稀で、合わせに行かなければ合わないと考えることで、日程調整への意識が変わります。

転職活動を主体的に行っている人には、ある共通点があって、たまたま偶然ではなくて、自分でスケジュールをコントロールしています。

そして、大事なポイントがもうひとつ。

スケジュールが決まれば、そこからずらさないようにすることです。

万が一、やむを得ない事情でリスケジュールしなければならない時も、丁寧にお詫びした上で、速やかに次の候補日程が固まっている状態にしておきましょう。

社内での転職相談控えたほうがいい

身近な相手でも社内の人に相談するのは考えもの

目の前の仕事の成果が自分のキャリアになっていくと考えれば、日々の同僚や先輩との話は全て経験や力に変わっていくかもしれません。

しかし、転職を考えるきっかけが何であったのか、という観点で考えると、現職に携わる人に転職について相談するのはあまりよろしくないことが多いのです。

基本的に転職を考えるのは、仕事でうまくいっていない時であることが大半です。

当たり前のことですが、転職を考えるきっかけは、現在の仕事・職場への不満や不安がほとんどでしょう。

ただ、業績が落ち込んだ時や、仕事がうまくいっていない時の選択が、必ずしもポジティブなものにつながるかというとよくよく考えねばなりません。

「他責」ではなく「自分事」として捉える

うまくいっていない時に、その原因を周りのせいにしてしまうことがあると思います。「他責」という表現で、転職相談時にはよく出てくるワードです。

今起こっている事実は何が原因だったのか、自分事として振り返ることで、初めて自分の成長に繋げることができるのですが、他責の状態は、その機会を捨ててしまっていることに他なりません。

そういった人は、思った以上に多くいらっしゃいます。

もっと言えば、今の会社、今の仕事がうまくいっていないからとにかく辞めたい、と辞めること自体が目的になってしまうこともあります。

どちらにせよ、うまくいっていない原因を自分が把握できていないため、転職してもまた同じ状況に陥ってしまうことがあります。

うまくいっていない時、周囲だけに問題があったとしても、その問題に対して自分は何かできなかったか、自分がやったことの何が不足していてその問題を改善できなかったのか、と考えることは大切です。

なんにせよ、自分自身が状況整理がしきれないタイミングで、社内に「●●が転職を考えている！」という情報だけが独り歩きしてしまうと、転職させないための囲い込みや異動や昇格の話が飛び込んでくることがあります。また、会社に対する裏切りと捉える人が一定数いるのも確かで、情報が回らないように閑職へと追い込まれてしまったケースも残念なことに耳にします。

転職活動をなぜしているのか、という中身が伝わらず表面的な話が伝わることは、自分にとって良い状況にはつながりづらいです。

面接は「ストーリー」と「キーワード」

面接で聞かれる3つのこと

面接対策は、言ってしまえば面接を通過するためだけの対策です。

私が転職をお手伝いする際には、過去の面接から問答集を作成したり、面接に慣れていない人（慣れた人にはほとんど会ったことがありませんが）に模擬面接をして、緊張の中でパフォーマンスを発揮してもらう、などといったことをしています。

しかし、本項では空間を作り上げることはできないので、普段面接をする前に転職希望者の人たちに伝えている内容をまとめます。

それが、「面接で聞かれることは大きく3つ」だということです。

その3つが、以下のものです。

①今まで何をやってきたのか（過去、経験、スタンス、考え方）
②何をしていきたいのか（未来、志向）
③なぜ、うちなの？（経験、志向からつながる将来へのストーリー、会社として選択が正しいかどうか・志望動機の確認）

また、それぞれについてどのように問われるかもまとめて見ていきます。

①今まで何をやってきたのか（過去、経験、スタンス、考え方）

【代表的な質問例】
・今までのご経験を3分程度でお話いただけますか？
・仕事をする上で重要視されていることは何ですか？
・現在のお仕事内容について説明してください
・なぜ転職をしようと思われたのか、きっかけを教えてください

・この仕事で一番大切だと思うことは何ですか？
・友人知人からどのような人だと言われますか？

②何をしていきたいのか（未来、志向）

【代表的な質問例】
・あなたのキャリアプランを教えてください
・弊社で担当されたい業務はなんですか？
・転職先を決定するいくつかの要因の中から、優先度の高い内容を教えてください

③なぜ、うちなの？（経験、志向からつながる将来へのストーリー、会社として選択が正しいかどうか・志望動機の確認）

【代表的な質問例】
・なぜ弊社に興味をいただいたのですか？
・弊社のことはどの程度ご存知ですか？
・5年後になっていたい姿や、キャリアイメージはありますか？

面接で聞かれる３つのこと

① 今まで何をやってきたのか（過去、経験、スタンス、考え方）
→今までのご経験を３分程度でお話いただけますか？
→仕事をする上で重要視されていることは何ですか？
→現在のお仕事内容について説明してください
→なぜ転職をしようと思われたのかきっかけを教えてください
→この仕事で一番大切だと思うことは何ですか？
→友人知人からどのような人だと言われますか？

② 何をしていきたいのか（未来、志向）
→あなたのキャリアプランを教えてください
→弊社で担当されたい業務はなんですか？
→転職先を決定するいくつかの要因の中から、
優先度の高い内容を教えてください

③ なぜ、うちなの？（経験、志向からつながる将来へのストーリー、
会社として選択が正しいかどうか・志望動機の確認）
→なぜ弊社に興味をいただいたのですか？
→弊社のことはどの程度ご存知ですか？
→5 年後になっていたい姿や、キャリアイメージはありますか？

上手に答えられるかよりも
「過去の経験」「これからの志向」
「なぜ、うちなの」のストーリーが
つながっていることが大切

今までの経験と今後の考えをわかりやすく伝えたとしても、結局のところ、なぜその会社に応募したいと思ったのか、自分であればどのような貢献ができるのかがつながっていなければ意味がありません。

会社の仲間として入社してくれた時に、活躍するイメージを持てるかどうか。

会社はここを推し量るために面接をします。

よく言われることですが、上手な言い方ができるかなどは本当に大した要素ではありません。

なぜ応募しようと思ったのか、入社した後にどのようなイメージを持っているのか、すべてストーリーがつながっているのかどうかを意識することこそ、面接対策として大切なポイントです。

実は面接では致命的によくなかった、というケースは多くなくて、採用しようか迷ってしまったから見送りになったというパターンが思いのほか多いです。

面接対策をした意味が大きくあるとすれば、この当落線上の人たちにとって、自分の良さを伝えられるように場数を踏んでもらう、という点だと思っています。

過去に一問一答の面接対策をした際に、あまりに記憶することに集中しすぎて、おかしなコミュニケーションになってしまう人がいました。

答えている内容以前に、円滑な受け答えができない状態になってしまっていたのです。

選考を通らないことには、入社するかどうかも悩めないのですが、選考を通るために創りこまれた自分だと、入社した後で苦労するのは目に見えています。

想定される質問、その模範解答を準備することはできますが、創りこんだ志望動機を、違った角度で質問された時にボロがでます。

答えに一貫性がない人、というありがたくない評価をさけるため、私はキーワードだけは心に持ち、答えられるようにしておくようお伝えしています。

それが、先ほどお伝えした

「過去の経験」

「これからの志向」
「なぜうちなの？」

への答えです。

自分が過去、何を思って生きてきたのか、仕事をどう捉えているのか。
ここを自分の言葉で伝えることで、双方が良いイメージを共有していくことができ、話が進んでいくのです。

意外なほど多い「配偶者ブロック」とは

転職に大切なパートナーが反対する時どうするか

転職を考えたとき、家族という最小単位の社会、特に配偶者の協力や理解をもらえないのは、転職者に相当なストレスを与えます。

実際に、配偶者の反対で内定を辞退するという人は一定数います。企業人事からも頻繁に、「配偶者ブロックにあって決まっていた人が辞退した」という話を聞きます。

そうならないためにも、「配偶者が何を思うのか」というポイントを押さえておく必要があります。

基本的に身近であればあるほど、転職するということだけを伝えた時には反対されます。

転職の動機や転職先の情報、悩んだ結果として転職先を決めたことなどを伝えることをしていない、あまりに言葉が足りない人が多いです

ある日突然、「転職する」とだけを伝えても、「わかった」とはなかなかなりません。むしろ自分の配偶者の価値観が変わるような決断に対して、「大丈夫なの？」という疑問となって返ってきます。

大丈夫か大丈夫じゃないかは、極論としてやってみないとわかりません。やってみる気持ちになっている本人からすると、「がんばれ」と言ってくれるだけでいい時もあります。

しっかりと前もって相談しておくことが必須

この転職の話の切り出し方とタイミングによって、変わることへの踏ん切りがついていたはずが、もとに戻ってしまうことが多くあります。

配偶者の反対によってだけでなく、心配されたことで自身の不安な気持ちが増幅され、変わらないことを選択してしまうのです。

こういったパターンも非常に多いです。


配偶者のタイプによるところも大きいのですが、なぜ転職しようと思ったのか、これは家族のための転職でもある、など悩んだ経緯も含めて、丁寧に相談を持ちかける方法がベターだと思います。


何を叶えるための転職なのかが、最初の段階で配偶者に伝わっていることはまずありません。

信頼する家族とはいえ、言わなくてもわかって欲しいというのはエゴでしかないことはおわかりいただけるでしょう。

大切なパートナーだからこそ、しっかりと、丁寧に話し合いをする機会をもつことが大切です。

何しろ、働き方は生き方と重なりあってこそ、です。

転職自体に反対されずとも、その後の展開によってはきちんとした説明・相談がなかったことが、目に見えないところで不満となって溜まり、不和を生んでしまうことすら考えられます。

自分と家族がより幸せに暮らすための選択のはずなのに、そんなことになってしまっては本末転倒ですね。

配偶者との考え方の相違というのは、細かい部分ではどうしてもあるものです。

決断を下す前に、配偶者にはしっかり転職の動機から、家族の将来に何を想っての転職なのかなど、しっかり相談をしておくべきでしょう。

退職日が1ヶ月変わる退職の伝え方

退職する際はキッパリと

転職する際に、転職先への入社日が先に設定されて、●月●日から次の転職先が決まっているため、▼月▼日で退社させていただきます。

という流れを基本としています。

社内の退職規約はさまざまですが、いつまでに退職の意向を伝えるかという期限はほぼ全ての場合設定されています。

なお、2週間前や30日前という規定が多いようです。

当然ながら、急にその場で辞められてしまうと業務が滞ることが想定されるので、業務の引継ぎ期間という側面で設定されているものでもあります。

ただ、辞める人の責任感があってのことですが、自分の次のスタートを自ら遅くさせてしまうことがよく見られます。

・後任がいないから、決まるまでは頑張る
・お客様が指名してくれるから、自分以外に引き継ぐのが憚られる

というスタンスで、明確な辞意を伝えるのでなく、辞めようと思っていると相談してしまうやり方です。

特に、「転職しようと思っている」くらいのニュアンスで伝えると、説得すれば残るのではないか、ということで退職防止の面談が次々と組まれ、結果退職が受け入れられるまでに長い期間を要してしまいます。

企業側も次の引継者や後任を決めていくために時間的に猶予が欲しい事情もわかります。

ここで後任が決まるまでは辞めさせない、という直接的な話をされる企業や、今辞めるのは無責任だという言い方をしてくる企業もありますが、大原則として、辞める時の引継ぎは人ではなく、会社にするということを忘れてはいけません。

属人的な引継ぎにすると、引継ぎ者の都合次第でいくらでも期間が長くなります。期限があって、そこまでに引き継ぐというスタンスで伝えればたいていの場合、問題にはなりません。

ただまれに、業界によっては繁忙期に退職された転職者を、このタイミングで辞めるのは理解しづらいということで選考見送りになったというケースもあります。

プロジェクトの切れ目、期の変わり目など、配慮をした上で退職されたほうが、お互いにとって、関係性が途切れない分かれ方になるはずです。

逆スカウトや紹介採用など新しい転職活動の方法

転職エージェントを使うか使わないか

ここまで、転職と転職活動についてお話してきた中で、転職エージェントは役に立ちそうだと思われた方が多いと思います。

それ自体は事実ですし、役立つからこそ職業として成立しているわけですが、転職エージェントも万能ではありません。

転職エージェントしか紹介できない求人がある一方で、エージェント経由で応募したがために、採用に至らなかったというケースもありました。

採用手数料を払ってでも採用するかどうか、というバーが加わるので、直接企業へ応募した方がスムーズに進むケースもあるためです。

このあたりは見極めも難しく、直接応募の場合は進捗状況が確認しづらい（書類選考や面接後のフィードバックが得られない）ため、未経験営業といったポジションでこの傾向がみられます。

また、最近は逆スカウト型の転職サイトや、リファーラル（紹介）によるカジュアル面談方式での窓口など、新しい採用の窓口も出てきています。

最後に、転職先の会社の評判が気になるのは当然だと思いますが、情報収集として「会社　評判」を検索することではまってしまうケースがあります。

ひとつの情報として参考程度にはなるかもしれませんが、不思議なことにネガティブな情報を見つけると、さらにネガティブな情報がないかを貪欲に探してしまう傾向があるようです。

その情報の質（誰が書いた情報なのか）、いつ書かれた情報なのか、情報の質を含めて判断しなければそもそも判断基準たり得ないものなのは言うまでもありません。

そして、それはかなり困難なことですから、ほどほどにしておくことをオススメします。

まとめ

▶まず誰かに話してみよう。他者のフィルターを通して自分を知ることで、キャリアの軸・方向性が速やかに固まる。求人情報を見るのは後でいい

▶プライベートで人と会うときは必ず具体的な日時を設定する。会社面談などの場合は、どうしても無理な日時を伝えるなどしよう。合わせにいかねば合わないという意識で能動的にスケジュール調整すべき

▶面接で聞かれることを大別すると、「過去の経験」「これからの志向」「なぜうちなの？（その会社を志望する理由）」の３つ。上手く話すことより、この３つのつながりを意識するのが大事

▶内定が出た段階でやっと配偶者に転職を伝えるというのは考えもの。転職を考えた理由など、事前にしっかりと伝えないと「配偶者ブロック」を引き起こしてしまうかもしれない

「いま転職しないほうがいいんじゃないですか？」とアドバイスした日

「仕事や人間関係自体はうまくいっているのですが、よい機会があれば動こうと思います」


転職相談ということでお会いした時に、このようにお話される人がいました。

所属しているのは伝統ある大きな組織で、国内では誰もが知る会社です。

その人曰く、女性が活躍する基盤がまだ出来上がっていない会社とのことですが、長くお勤めになっていて、今の会社に愛着もあり、大事な仲間もたくさんいる様子でした。

それでも転職を考えはじめた理由は、経営側に立って会社全体へのインパクトをもっと出す仕事がしたいと思ったからだそうです。


今の会社では、順調にキャリアステップを踏んで、社長と冗談を言い合えるほど、直接コミュニケーションが取れる環境にあるようですが、役員にはなれない現実が見えてきたとのことでした。

しかし各組織で着実に実績を重ねて、キーマンと関係構築が出来ています。ボトムアップで現場を改善するプロジェクトにも参画していて、会社の意思決定に少なからず関与していた事実もあります。

社内外に構築されていたネットワークは今のお仕事に確実に活かされていて、社内での特別なポジションは一朝一夕で出来上がったものではありませんでした。

今の会社ではできないことにチャレンジしたいという気持ちは感じましたが、今の会社でしかできないことにも沢山携わっていらっしゃったのです。


それでもなお、転職でしか叶えられないという思いが付いてくるようであれば背中を押したのですが、迷いが消えない状況にあったこともあり、今の環境でフルパワーを発揮いただいたほうがいいと思うと伝えました。

役員待遇で内定が得られた人でしたが、私の所感を伝えもう一度熟考していただいた結果、転職先の会社の意思決定よりも、今の会社の意思決定に関わるほうが魅力的だと思われ、内定辞退となりました。

転職する際に、何を目的としているのかを明確にすることと、今の自分と環境よくよく見直すこと、将来の展望を整理することの大切さをあらためて感じたケースでした。

当然内定辞退ということで、転職エージェントへ企業からの紹介報酬は入らないのですが、現在も定期的に情報交換をさせていただく中で、楽しそうに働いていらっしゃるのを拝見すると転職エージェント冥利に尽きると感じます。

CHAPTER 3

転職エージェントのトリセツ

転職エージェントの基礎知識

そもそも転職エージェントとは？

さて、本章では、転職エージェントを利用した転職について詳しく説明していきます。

ここまでを読んでいただいて、「別に転職エージェントを利用しなくてもいいだろう」と思われる方もいらっしゃると思います。

実際それは間違ってはいません。

しかし、それでも有用に使えば役に立つから、転職エージェントという仕事は成り立っています。


まず、転職エージェントには大きく2つの仕事があります。

それが、企業の採用支援と、人材の転職支援です。

少し固い話になりますが、転職という仕事のあっせんに関わる事業者には、厚生労働省の免許が必要です。

職業紹介とは、職業安定法（以下「法」という）第4条第1項において、「①求人及び②求職の申込みを受け、求人者と求職者との間における③雇用関係の成立を④あっせんすることをいう」と定義されています。
（※厚生労働省　有料職業紹介事業の概要　パンフレットより抜粋）

企業が採用する人は誰でもいいわけではなく、転職エージェントは企業から求人という形で依頼を受け、求職者に対して希望に沿った仕事をあっせんする流れになります。

転職エージェントという名称が示すように、転職が前提となっている仕事であるとも言えます。

企業がなぜ人材を必要としているのかを明確にして、仕事を探す人とつなぐわけですが、転職エージェントは会社の規模に関わらず、転職したい人たちを集めることに予算と時間を使います。

そして、採用に至って初めて売上になるビジネスモデルですので、採用につながるために求人紹介のみならず、履歴書・職務経歴書の添削や面接対策、転職に向けたサポートをしています。

無料がゆえの〝弊害〟にはご用心

「転職相談」を希望する人からの依頼は、無料ですべての人に対応することが義務になっていますが、現実的に全ての会社、すべての仕事をご紹介できるわけではありません。

相談を受け付けてはいますが、依頼者を見て、結果的に得意・不得意な領域（業界や年代など）を分けてご紹介していることが多いです。

このように、得意領域でご紹介をしていくのも、転職を成功させる確率をあげるためです。

ただ、この決まらなければ手数料を得られないというビジネスモデルの弊害として、一部の転職エージェントでは、紹介した求人先への入社を迫ったり、長期的なキャリアを考えたアドバイスがされなかったり、といったゆがみに表れてしまうことがあります。

人材紹介業界の中においても頻繁に出てくる話題で、一部そういったエージェントがいることも事実です。

人生を好転させた人がたくさんいる事実とともに、転職を成功したと言えるように、何を得て、成し遂げるための転職か、しっかりと軸を持って転職活動を進めていきましょう。

想定外の求人があることも

転職という目的に向かって二人三脚で歩んでくれるエージェントは、自分が思いもしない求人を紹介してくることがあります。

客観的にあなたの志向性やスキル、キャラクターを知ることで、活躍するイメージが転職希望者の想定外の企業と結びつくためです。

求人サイトに登録すれば技術やスキル、希望条件でマッチングされる話かもしれませんが、過去の支援実績などの経験則と、企業の採用背景に照らし合わせた時に、必ずしも同業同職種ではない企業が候補になることがあります。

直接会って話をしているうちに、信念をもって仕事と向き合い結果につながった時の話が出てくることがあります。

思いがけない提案が出てくるのはこんな時です。

この提案を引き出すためにも、転職エージェントとうまく関係構築をしてみましょう。

また、転職サイトに登録した途端に、数十通のメールが送られてくる状況に疲れてしまったという相談も多く、転職エージェントと会う時間が、その後の転職活動時間や負担を軽減するのに役立ちます。

よきアドバイザーとなってくれる存在を得ることのメリットは大きいです。

転職エージェントの協力を得ることは、自動的に他者目線で自分を見てもらう機会ができることにほかなりません。

その上で、希望に合った求人や会社の紹介だけでなくさらに想定外の紹介も期待できる点や、自分が業界や企業研究をする以上に実態を把握している点、質の高い情報を所持している点などからも、無料で転職相談依頼をしてみることをお勧めします。

転職エージェントには定期連絡せよ

タイムリーな対応はお互いの定期連絡で生まれる

よく、いいご縁が合ったという表現を使いますが、私の考えとしては「いいご縁は、行動が引き寄せている！」です。

気になる人からの連絡はこまめにチェックして、何かあればすぐに返事をすると思います。

一方、それほどでもない人からの連絡は、後で返しておこう、になりませんか？

転職時にもそれは同じで、あえて返信を焦らす人がいますが、その後のスケジュールへの影響が大きいので、キャリアに関する内容は焦らさずに連絡をしていきましょう。

まず、気になる人になる、という視点からも定期連絡は大切です。

転職エージェント側から進捗確認の連絡が入ることもあります。

しかし、連絡があったから返すのではなく、自分の志向や転職活動状況は更新して小まめに伝えたほうが、転職エージェントのファーストチョイスになる可能性が高まります。

どういうことかご説明しましょう。

転職エージェントは、求人が世の中に出回る（求人サイト掲載や、Webで検索すればわかる状態）前に企業から相談をもらうことがあります。

その段階で、「こんな仕事を任せる人を探したいが……」となったとき、求人票を作り始めます。

任せる職務内容や、期待値、採用背景を聞きとりながら求人票を作っていると、具体的に頭に思い浮かぶ人がいます。

「この職務内容の経験者……そう言えばDさんから転職活動を再開したと連絡があったばかりだったなあ」

というふうになるわけです。

このように、転職エージェントが最初に思い浮かべる人になるためには、小まめに連絡を取ることで転職エージェントの「気になる人」になっておくことが非常に有効です。

転職市場に候補者が多いか少ないかで、企業の採用戦略は変わってきます。たくさん候補者を集めて絞り込んで採用するのか、候補者が少ないことを見越してピンポイントで採用するのか、会社と転職エージェントも情報交換をしているため、企業訪問する際に、「Dさんの情報をお伝えしてみてもよいですか?」と企業側がDさんに興味を持つかどうか、事前に打診することも可能になります。

レスポンスの速さは内定獲得の速さに直結する

とにかく素早い反応が好ましい

誤送信や情報漏洩を防ぐ観点から、私はSNSを個別に利用することは控えているのですが、それでも「既読機能」が欲しくなる時があります。

いつまでに返信が欲しい！　と、期限がある状況下でも、こちらから連絡しないといつまで経っても連絡がない人がいるからです。

内容の行き違いを防ぐために、エビデンスとしてあえてメール連絡するケースもあるので、常にメールチェックしてくださいというお願いではないものの、急ぎ対応をお願いした時に1週間単位で連絡待ちになってしまうのは避けたいところです。

メール連絡の場合は要件を確認したかどうか、電話確認も併せて行っていますし、就業中で電話は控えたほうがいいケースも多いので、ショートメールを送ることもあります。

何にせよ、返信を待っている側からすると、連絡がとれない、連絡が遅いと感じるラインは人によって異なるので、優先順位が低いと捉えられてしまうリスクを避けたいことからも、早めの返信を心がけ、相手にもお願いしています。

また、相手がどう感じるかを気にかけて欲しい、という気持ちは置いておいたとしても、レスポンスが遅いと、必然的にそのあとのスケジュールが押していく、という現実があります。

もし選考途中で会う機会がひとつ遅くなれば、以降の予定もすべて遅くなっていきます。

さらに重大なことは、単純にスライドしていくばかりでなく、他の候補者の結果次第で面接通過が左右されたりというような、コントロールしきれない事情が絡んでくることです。

レスポンスが遅いがための機会損失も

こんなことがありました。

ある企業で3名採用したい求人相談があり、当初は同じようなレベルの経験を持つ人材を探しました。

連絡を緊密にしてくださっていたAさんだけ、先んじて面接へ進み、見事内定を勝ち取られたのですが、残りの方々は連絡がなかなかいただけず、書類選考は通ったものの、面接日時の調整中という形になってしまいました。

しかし、最初に経験豊富なAさんの採用が決まった時に事情が変わりました。

想定以上に優秀なAさんの入社が決まったから、あと2名は若手の未経験者の採用にしよう、と他2名の採用基準が当初の経験者を求めるものから変わってしまったのです。

他に候補として選考を進んでいた人は当然見送りになってしまいました。

レスポンスが遅いがゆえに、思いもよらぬ機会損失をしてしまった例でした。

「縁がある」ように動く人たちは、「確認しました」という連絡だけでも即座にいただけることが多いです。

自分がボールを持っている状態をできるだけ短くしているということです。

機会を逃さないように早めにリアクションをしていくことを意識してみると、伴って物事が早く動き出します。

本音をどれだけ伝えられるかで紹介される求人も変わる

転職エージェント相手に飾るのは損

面接などの際だけでなく、転職エージェントへの相談においても「建前上当たり障りがないことを言っておこう」という人は多いと思います。

退職理由などについて、自分がネガティブだと感じていることも多いでしょうから、なおさらそのまま言いづらいのも気持ちはわかります。

しかし、本音を話さないままで、相手に本当の意味で自分の味方になってもらうのは難しいです。

まず、転職エージェントには、隠さずに思っていることを伝えるべきです。

自分のキャリア、ひいては生き方を考える時に、やりたくないことを徹底的に洗い出していくのも悪い方法ではありません。

やりたいことは抽象的でも、やりたくないことは具体的であることが多いからです。

聞こえのいい転職理由を伝えるよりは、具体的なしたくないことを伝えて、価値観を共有していきましょう。


転職エージェント側から見て信頼できない人とは、約束を守らない人、言っていることがころころ変わる人です。

約束の時間に会えない、連絡がこない、応募したいと言った1時間後に取り消す……。


もちろん気持ちの変化や優先順位が変わることもあります。

ですが、迷っている気持ちも含めて伝えていけば、なんら問題はありません。

何で迷っているのか、という点もエージェント側にとって重要な情報です。

しかし脈略なく判断が変わったり、二転三転して意思決定ができない状況が続くとなると、企業に対する紹介は自体が難しくなります。

また、自分の発言がころころ変わっている自覚が無く、エージェントに対して言っていた内容と、面接で言っていた内容が変わってしまう人がいます。

企業に紹介する人こそが、エージェントに対する企業からの信頼につながります。

選考以前の基本的な信頼関係を構築できないとなると、紹介してうまくいってほしいという気持ちまでしぼんでしまうので、一貫性と責任をもった受け答えをしましょう。

大仰な言い方になりましたが、要は最初から「ありのままを言う」ようにすればいいだけです。

取り繕ったことを言わなければ、発言がブレることもないわけですね。

基準を定めるためにもエージェントの目線は役に立つ

最終的に転職先を決める基準が明確になっていないと、入社後に活躍してもらうイメージを膨らませた求人紹介が困難です。

例えば、世間で言われるホワイト企業・ブラック企業と、自分にとってのホワイト企業・ブラック企業は違っているかもしれません。

フラットな社風、という抽象的な言葉をもとに無礼講の飲み会がよく開かれる会社が、かならずしも良質なコミュニケーションが豊富とも言えませんし、社内行事が全くない会社でも業務進捗以外にも家庭の事情も考慮したフォロー体制が出来上がっている会社もあります。

求人票やネット上の情報だけで会社の実態を把握することはとても難しいです。双方が判断する場として面接があると捉え、自分の価値観や判断基準を伝えて、いい意味で想定外の求人紹介を受けていきましょう。

その会社情報を、同業他社と比較するとどうなのか、という目線を持っているエージェントの意見は自分の冷静な判断の役に立ちます。

また、併せて転職エージェントに対して、事実と主観を分けて話すよう心がけるべきです。

先にもお伝えしましたが、自分が普通だと思っている経験がとても価値のあるものだったり、はたまた特異だと思っていたことが他の企業では当たり前のことだったりすることはよくあります。

客観的な視点を持ち、俯瞰的な情報を持つ転職エージェントに隠し立てなく話すことで、ギャップを知るいい機会になります。

そうやってギャップを知り、新たな気づきを得ることで、自分の基準がより明確になっていきます。

会社相手の面接よりも気楽に、自分を知ってもらうための訓練ができると思って、自分の取り扱い説明書を渡すイメージで伝えてみるのがオススメです。

転職エージェントは、あなたが思ってもいないような意外なポイントに興味を持ってくれるかもしれません。

そしてその興味ポイントが刺さる企業を提案してくるはずです。

転職エージェントを「理解者」にする

転職エージェントには緊張せず気軽に話す

言葉は少ないけれど的確だという人もいれば、言葉が多すぎて何を伝えたいのかわかりづらいという人もいます。

よくある事例ですが、「コミュニケーションが得意」と自己ＰＲに書いてあるのに、自分の話を一方的にしてしまうケースもあります。

人それぞれのコミュニケーションの形がありますし、得意不得意もわかります。

それでも、転職する際には、ほぼ全ての場合面接することが欠かせません。

会社相手の面接では緊張するでしょうが、転職エージェント相手に緊張することはありません。

他者に伝えたいことをまとめて、簡潔にわかりやすく伝える訓練だと思って、臆せずコミュニケーションをとっていきましょう。

転職エージェントはとにかく人に会いたがる人たちです。

仕事内容や給与条件、勤務地、休みといった諸条件だけを確認して、求人を紹介するだけであれば会う必要はありません。

メールや電話のやり取りだけでも話は進められます。

それでもなぜ会いたがるのか。

私の場合は、その方の本音をもらうことを目的としています。

雰囲気や話し方、その人の「間」などコミュニケーションのクセを知るとともに、会って話をするうちに出てくる「実は……」を言ってもらい、本音の退職理由や志向が見たいのです。

例えば、ある営業職の転職希望者から「たいしたことない製品で、達成もしていない営業だと、求人がないと思っているのですが……」と相談がありました。

話を聞くと、たしかに競合他社の製品の方が性能も上、価格も安いようです。

目標達成率も100%に届いていません。


どれくらい売っている営業だったのかは、職務経歴書を見ればわかります（職務経歴書に営業成績を数値化していない方、この章を読み終わったら、数字を入れておいてください！）。

ただ、達成の有無はともかく転職エージェントとしては達成のために何を思っていたのか、具体的な行動はしたのかどうか、自分の行動を客観的に捉えているかどうかといった点が気になります。


今回の場合で言えば、性能も価格競争力もない製品なのに、なぜ昨対で同じくらいは売れているのか、という点に興味がありました。

よくよく聞けば、緻密に過去のデータ分析をして、アプローチのタイミングをクライアントごとに変えるなど、もともとの柔和なお人柄だけでなくクライアントはたしかな分析力に納得をして他社に切り替えずにいたようです。

これは、本人が気づいていなかった明確な「強み」です。

自分が普通だと思っている経験が「普通ではない」ことを引き出すために、また、職務内容だけではなく、どういう気持ちで仕事に向き合ってきたのか、そしてこれからしたいのか、自分のストーリーを伝えて、理解してもらい理解者になってもらいましょう。

とにかく早く決断を迫るエージェントには要注意

企業もエージェントも早く決めて欲しいが

内定が出る、というのはあなたに対する具体的な評価の1つです。

選考が終わってようやく、「あなたにはいくらで来てほしい！」と具体的な給与条件などが提示されるのがほとんどです。

内定が出たこの時、企業が思っていることは、「内定を出した以上は早く返事が欲しい！」です。

ほぼすべての企業が同じことを思っています。

内定を出したので、内定を承諾してもらうまで他の選考をストップさせたのにも関わらず、回答を数週間待ったあげくに辞退となれば、時間的（かつ精神的な）ロスは計り知れません。

さらに他の候補者探しを始めるとなると、欲しい人材の入社は数ヶ月単位で先になってしまいます。

こういった事情を汲んでいくと、決断のタイミングは思ったよりも早く求められます。内定後、1週間程度という企業も多いです。

最近ではレアですが、中には「この場で返事をくれなければこの内定はなかったことに」と言われるケースもありました。

転職エージェントが内定の回答期限を伝えてきた時には、企業からの要請なのか、そのエージェントの独断なのかをまず見極めましょう。

エージェントの独断で早く早くと迫るケースは要注意です。

企業からはどういった期限を提示されているのか、何日の何時までに返事をしなければ内定がなくなってしまうのか、あるいは期限が延ばせるのか、確認をします。

また、それとともに一番気に掛けるべきは、自分が決断を出せない理由、です。決めきれない理由があるのであれば、それは何なのか。

他社の選考が終わっていないので、結果を知りたい、という状況は多く見受けられ、気持ちもわかります。

ただ、すべての企業を同じタイミングで比較検討することはできません。

どういう状況、条件であれば決めきれるのかについては、選考中の段階から想定しておきましょう。

エージェントも諦める上手な内定の断り方

早く答えるべきなのはわかっているが断りづらい

転職活動の結果いくらたくさんの内定が出ても、行く先は1社だけです。

内定を断ることも、相当なストレスがかかるものなので、みなさん悩みます。

ただ大抵の場合は断りづらさから悩んでいるだけで、結論は変わりません。

そうであれば、他の候補者に席を譲るためにも早い決断をしたほうが真摯だと言えるでしょう。


しかし、エージェントは断って欲しくないので、あの手この手で入社を迫るでしょう。

それでも、エージェントもあきらめる上手な断り方があります。

それが、逆説的ですが「嘘をつかないこと」です。

転職エージェントを自分を理解してくれるパートナーにしておく

なぜその会社を応募しようと思ったのか、なぜ応募しないのか、本音を伝えながらお互いの理解を深めていったエージェントは、内定が出そろった時にどこに入社するかがイメージできているはずです。

転職の理由が叶うベターな会社、という見方をしていれば他社批判をしてまで自分が紹介した会社へ押し込むようなことはしません。

しかし、当たり障りのない会話のまま、最終決断の場面を迎えれば、強引に話を持っていけば入社するかもしれない、という利己的な面が出てきかねません。

嘘はつかずに本音をしっかりと伝えていけば、自分の選択を支持してくれるはずです。

内定の段階に関わらず、求人に応募するかどうかというタイミングでも同じことが言えます。

応募しない、という意思表示をしたにも関わらず、それでもしつこく応募を迫るエージェントに対しては、期待するサービス提供が得られないので、担当を替えてもらいましょう。

エージェントの質は所属している会社のスタンスによってもある程度ははかれますが、それよりもはるかに大切な、自分を理解して紹介先を考えてくれるパートナーとなるかどうかという点は個人の相性による要素も大きいです。

期待をもって話をして、自分に合わないと思えばサービスを受けない、という自由があります。

途中でもすぐに断る行かない会社の選考は

明確な基準を満たさないならはっきり拒否する

○○万円以下の条件であれば内定が出ても行かない、と言っていたにも関わらず、最終面接の場では希望年収を濁してしまう人がいます。

内定を獲得することが目的になってしまう気持ちもわかりますが、明確な基準があるならば、それなら行きませんと言い切ってしまった方がお互いにとって無駄がありません。

意思決定はとにかく内定を勝ち取ってからという判断もあるでしょう。

しかし、給与水準が低い、働き方が希望に沿わないなど、意思決定の優先順位が高い項目で、かつ転職理由が叶わないとわかっているのであれば、選考を進める必要はありません。

内定が出てもここにはいかない、と思った時点でエージェントに相談をすべきです。辞退する気持ちが固まっているのに、返事をしない状況は関わる人たちがみんな苦しくなります。

ただし、辞退した判断材料が誤解によることもあるので、その理由も自分で言葉にしてみましょう。

エージェントからの提案企業であれば、なぜ辞退したいと思ったのかも正直に伝えてしまったほうが、次の紹介案件にプラス面で作用してきます。

提案される求人が減るかもしれませんが、希望との合致制度が高くなるからです。

エージェントが「行くだけ行ってみましょう」「行ってから考えましょう」などの表現で選考に進むケースも散見されます。

言われるがまま応募して面接に進み、志望意欲が上がるケースもなくはありませんので、一概に否定するわけではありませんが、転職活動には時間的な制約もでてくるはずですので、興味もなにも持てないものまで受ける必要はありません。

思い込みや過去の価値にとらわれずに自分が働き活躍するイメージを持てるかどうか、真正面から向き合ってこそ、一方的に判断される面接ではなく、双方がお互いに判断する場になっていきます。

ミッションや諸条件が具体的になってきたタイミングになれば、転職で叶えたいこと、優先度と照らし合わせて行く行かないの軸をしっかり持って選考を進めていけるようになるはずです。

もっと活用する転職エージェント

エージェントには「逆面接」で始めるのも有効

転職エージェントをうまく活用するには、お互いの信頼関係を気付くこと、その前提は本音を伝えること、といった話をしてきました。

それでは、関係構築のスタートとなるタイミングで、どういったやり取りをすればスムーズな関係構築が可能になるかについて触れていきます。

ポイントは大きく2つです。

- 相手の持っている強み・情報を把握すること
- 自分が収集したい情報を明確にすること

「御社の強みはなんですか?」と聞いてみると答えとして出てきます。
質問をしなくても説明をしてくれることも多いかと思いますが、率直に質問をしてみると、会社ごとに特色があることがわかります。

- 業界に特化したエージェントが支援をしている
- 業界の出身者が提案している
- 年間たくさんの方の支援を成功している
- 求人の紹介数が多い
- 非公開求人の紹介が多い
- ある特定の職種の支援実績が豊富
- 本人が想定していない求人紹介が得意

などです。

さらにエージェント個人によって、求人の決裁権はだれが持っているのか、誰が主導で採用しようとしているのか、など求人票に書いていない情報や、企業の意思決定のポイントがどこにあるのかを持っている人がいます。

そうした要素を、求職者側が逆にエージェントを面接するように把握するのです。

会社としての強み、目の前のエージェントの強みを理解した上で、こちらからもどんな情報を得たいか、という部分まで伝えていくことで、お互いの期待がすれ違わずに済みます。

これはその後、得られる情報の質にも影響します。

転職エージェントを活用した情報収集術

必要な情報を、情報が集まっているところに確認する。

自然な流れなのに、転職活動ではなかなかやりづらい動きになってしまっています。

業界に詳しいからといって、必ずしも転職希望理由が叶うわけではないですし、大手よりも中小規模のエージェントの方が特定の企業については裏事情を知っていることがあります。

求人を生き物のように扱っている情報の鮮度にこだわっているエージェントの情報は、信頼できる確率が高いはずです。

求人も企業も人も、都度状況が変わるため、自身でもアンテナを張って、常に企業や求人の最新情報を手に入れるような状態にしておくことも大切ですが、より鮮度が高く、敏感な情報を持っている転職エージェントを活用することは、転職活動における賢い情報収集の手段だと言えます。

まとめ

▶転職エージェントは使わなくてもいいが、自動的に他者目線で自分を見てもらえる点や、個人で業界研究をするよりも質の高い実態に即した情報を持っている点など有用。無料で相談してみるのがオススメ

▶小まめな連絡により、転職エージェントのファーストチョイスになることを目指そう。また、レスポンスの遅さは機会損失に直結しやすい。素早い反応がチャンスを素早く引き寄せる

▶エージェントには、飾らずありのままを伝えよう。取り繕った内容では隠れた「強み」は見つけてもらいにくい。本音を伝えることでエージェントは味方になり、理解者になってくれる

▶エージェントは、転職をさせることで報酬を得る。そのため、なかには内定が出てすぐさま決断を迫ってくるエージェントもいることに注意しよう。人間的な相性も含め、信頼できない、合わないエージェントは担当替えしてもらえばいい

ご夫婦の転職支援

旦那様の仕事の都合で海外も含めて転々とされたNさんは、働きたくても制限が多かった状況で、ご自身のキャリアよりも、ご家族の生活を優先していました。

旦那様の転勤が落ち着いたこと、お子さんの手がかからなくなってきたことから、専門職として修業先を探していました。

ご紹介した不動産デベロッパーでは大活躍をされ、新規事業立ち上げにも参画、セミナー講演なども行い活躍がさらに広がっていくというお話を定期的に聞いていました。

転職して数年がたち、定例的になっていたお互いの情報共有のためお会いすることに。

そこで今度は旦那さんが転職を検討しているというお話が出ます。

旦那さんとの面談、結果、転職先のご支援にはつながりませんでしたが、一番身近な人を紹介してくれた経験はやりがいにもつながるものでした。

ご夫婦の転職支援となると、家庭事情や世帯年収など多くの情報をいただくことになるため、笑いながら「保険も売ればいいのに」と言っていただきました。

CHAPTER 4

ブラック企業の
見極め方

入社する前に見極めたいブラック企業

良い情報ばかり並べられていませんか？

本章では、自分にとってブラック企業とはどんな企業であるか、という問いかけをしつつ、入社前にブラック企業かどうかを見極める方法をいくつか示していきます。

「ブラック企業」という表現は、良くも悪くも日常的に使われる言葉になりました。

しかし実は、厚生労働省では「ブラック企業」について明確な定義はせずに、いくつか特徴を提示するに留めています。

その特徴が、以下のようなものです。

①労働者に対し極端な長時間労働やノルマを課す
②賃金不払残業やパワーハラスメントが横行するなど企業全体のコンプライアンス意識が低い
③このような状況下で労働者に対し過度の選別を行う

労働時間が法律の定めを超えるほど長かったり、休みが極端に少ないなど、わかりやすく会社同士を比較できる内容もあれば、パワハラ・セクハラなどのハラスメントの横行や人間関係といったような内面的に判断する内容もあります。

同じ会社の中でも、ある人はブラック企業だと感じ、ある人はホワイト企業だと感じているケースもありますが、その会社で働くことでストレス過多になり、健康を害する可能性が高いような、まさに誰が見てもブラック企業という会社は実際に存在しています。

そんなブラック企業にいる人は早々に会社を移るべきだと思います。

そんなときに、転職先もブラック企業だった……という事態は絶対に避けたいですね。

私も、転職エージェントとして採用支援をしている中で、求人依頼を受けるクライアントの働き方、条件は事前情報としてもらっています。

しかし残念なことに、実態が伴っていないケースも稀にあります。

残業時間を実態よりも少なく求人票に書くように依頼されたこともあります。

そうした事実が判明しても是正がされない場合は、以降はお付き合いをお断りして一切紹介をしませんでしたが、そうした、いわゆるブラック企業を担当した経験も、転職コンサルトとして転職のお手伝いをする際、ブラック企業を見抜く際に役に立っています。


まずブラック企業がやっかいな傾向として、選考段階や内定の段階で余計なことを言いません。

ウソがうまいというよりも、ウソをつかずに済ませるのがうまいです。

自社がブラック企業であることを自覚している会社は、良い情報だけを多く並べます。

求職者が求めていそうな情報（高収入が得られる、すぐに出世する、社員は良い人ばかり……

など）を並べる一方で、離職率が非常に高いことや、サービス残業があることなどはあえて言いません。

退職が多かったり、採用が難航している会社が多いため、入社させることが目的になっています。

入社後のギャップを生まないように、伝えるべきところを伝えなくなるわけです。

ほとんどのブラック企業では教育体制を整えるコストも時間もかけません。

教育コストを払わずに、使える人を探す傾向が強く、入社して活躍するかどうかはその人次第と捉えています。

即戦力でなければ辞めてもらう、という割り切りが採用を強くしているように見えます。

良さそうに思える情報が並んでいる時こそ、感情や条件の良さに惑わされずに、なぜそのような状態を生むことができたのか、という点にフォーカスしましょう。

具体的には、エージェントには紹介時に聞き、会社には面談・面接時に聞くようにするとよいでしょう。

- ・残業はほとんどないです　↓　なぜですか？（ＰＣを持って自宅で仕事していませんか？）
- ・すぐに出世します　↓　なぜですか？（管理職が不足？　できる人が辞めていく？）
- ・若い人でも高収入です　↓　なぜですか？（利益率が高い？　社員への還元率が高い？）

会社の選考時の情報の出し方が、都合の悪いことは伏せるスタンスである場合、入社後も都合の悪いことは言いません。

選考時の対応は、会社のスタンスがそのまま表れるポイントです。

「この場で入社を決断して」はブラック企業のリスクあり

エージェント経由の選考の流れ

エージェントから紹介を受けた求人に応募した場合、基本的に、書類選考→面接（複数回）→内定という流れで選考が進んでいきます。

面接は複数回実施されることが多く、選考が進むほど決裁権を持った管理職に就く面接官が担当になっていきます。

また面接官によってチェックされる内容も異なっていて、経験やスキル、社風や現社員との相性など、仲間として迎え入れるために様々な角度から質問を重ねていきます。

【選考内容のチェック例】

1次面接　人事・現場　（最低限の社会人マナー、職務内容スキルチェック　など）
2次面接　管理職・役員面接　（組織への適合性、ストレス耐性　など）
最終面接　社長　（人物面、思考）

あくまで一般的な流れになるので、1次面接から社長が担当したり、面接回数が一回だけであったり、管理職クラスの面接が複数回あったり、Web適正検査を実施していたり、と様々ですので、応募先企業の選考フロー（流れ）を確認しておきましょう。どのタイミングで内定が出てくるのか、という転職活動全体のスケジュールとしても大切です。

そんな選考ですが、面接での評価が高い場合、もともと3回の予定だった面接回数が2回に減る、もしくは1回で内定まで出る、というケースも実際にあります。

売り手市場と言われるここ数年は、顕著にこの傾向が出ています。

そして、選考結果として条件提示とともに採用内定通知がなされます。

転職エージェントを介した採用の場合、一般的に最終面接後に企業からエージェントに対して結果の連絡が入り、そこから求職者にエージェントが連絡をして内定を伝えていきます。

入社を決めるかどうか、内定という事実を得てから検討していくわけです。

求職者が、内定が出たらその会社に行きたい、という状態で最終面接に臨んでもらうとは限らないので、内定時に明らかになった諸条件を見て検討することになります。

ここで初めて、結論を出す（選ぶ）側が企業から、転職者本人に移ります。

ブラック企業に多い「この場で決めろ」

先にも触れましたが、内定通知を出す企業側としては、早く内定通知に承諾して入社を確定して欲しいという事情があります。

他の選考をストップさせる必要があったりと事情はわかりますが、それでもこの場で決断しろとなると、どう思うでしょうか？

実際にこうしたケースが面接後の求職者からのフィードバックで明らかになったことがあります。

2回の面接予定でしたが、1回目の面接でその場で内定と言われ、条件の説明があったそうです。

それだけだったら良い結果のように思えますが、「ここで決断できないなら、この話はなかったことに……」と、ダメ押しをされたとのことでした。

さすがにその場では決めきれず断ったところ、結局あらためて採用連絡をする、として企業側が引き下がったようです。

内定は嬉しかったものの、意思決定までにあまりに急がせるのは何か理由があるのではないか、と不安を煽ることになり、結果的に求職者側からの内定辞退となりました。

事前に双方の意思疎通が十分にできていない限り、一緒に働こうというオファーが出されたその場で結論を出させるのは、少々強引に過ぎると言わざるを得ません。

他の選択肢を与えないやり方と言え、求職者からするとその企業を信頼できないとなっても無理はありません。

本来は企業にとっても求職者にとっても、転職（入社）がゴールではありません。

入社後の活躍を期待して採用をするはずが、意思決定のプロセスに余裕がない、詳細の質問や実際の働き方などの情報は開示しないなど、情報を出さないと感じた場合は要注意です。

求職者への配慮がない会社ということに他ならず、内実も推して計るべき。入社してみたら、説明されなかったネガティブな要素に直面してしまうという残念なケースが多いのです。

応募者が少ないため面接に来た人を逃さない、という企業側の事情もあったようですが、そうしたスタンスゆえではないかとも思えてしまう、残念な事例でした。

「この場で決めて」と要求する企業の全てがブラック企業だとまでは言いませんが、ブラック企業である可能性が通常よりはるかに高いので気をつけるべきポイントです。

給与水準の高さばかりを強調されていませんか？

ウソではないが本当でもない高給のワナ

仕事をしていく以上、稼ぎを多く得たいと思う気持ちはわかります。

転職の動機が年収を上げること、という人は多くいます。

それだけが理由ではないにしろ、転職の条件に年収はいくら下がってもいい、という人はまずいません。

面接でも、ダイレクトに「うちは稼げるよ！」ということを売りとして口にする会社もあります。

実際に稼げる事実もありますが、１００人に１人だけとても稼げますという会社も、

10人が10人全員稼げているという会社も「うちは稼げるよ！」という言うであろう事実に注意しなければなりません。

仕組みで売れているのか、属人的な営業力で売れているのか、売れている人はどういった営業をしているのか、なぜ給与水準が高いのか、やはりもう少し細かく情報を分解する必要があります。

さらに、人が辞めていくのを防ぐために給与が高い会社と、利益が出しやすく社員へ還元する仕組みができている会社とでは、「稼げる」の意味は大きく違ってきます。

また、給与だけが理由で転職する人は、また給与が理由で転職する、という格言めいた言葉があります。

実際に、給与だけが理由で仕事を選択した人は、それだけの理由で継続することが難しいようです。

より良い条件の仕事があれば、すぐにそちらへ移る傾向がありますので、採用する側にとっても期間限定の助っ人営業マンなどとして割り切った採用が一般的です。

特に営業職では、売れば稼げるけれど売らなければ稼げない、つまり、固定給は低く、売ったらそのぶんのインセンティブという給与体系が多くなっています。

会社の採用失敗リスクがこの給与体系で管理されているのです。

結局のところ、給与以外で会社に引き付ける魅力やビジョンがなく、稼ぐために働こうという人しか採用できないとなると、お互いの利害が合致しているように見せない限り、採用ができません。

自分なら売れる、再現性が高いと思える情報が得られた際はチャレンジしてみてもいいかもしれませんが、冷静な判断を求めたいところです。

入社前の選考段階で判断するとなると、求人票の想定年収と、実際の提示額に大きな開きがある場合や、活躍したら稼げるという表現でしか情報を伝えられないケースは要注意です。

過去にたった1人だけいた高収入者の給与例を標準的なものとして提示するなど、ウソではないが、見せ方がうまいんだなといった認識で情報を精査しましょう。

「残業」の考え方に要注意

半強制のサービス残業を「社員の意思だから止められない」と言い切る社長

残業に対する捉え方は、雇用する側（経営者）と雇用される側（社員）の間で違っています。

そもそも法律（労働基準法）で労働時間は1日8時間、週40時間を超えない、と定められています。

ただし、あらかじめ働く時間についての協定【36（サブロク）協定】が締結されている場合は、会社は「1日8時間、週40時間」を超えて社員を働かせることができます。

それでもさらに1週間に「15時間」、1ヶ月に「45時間」を超える残業時間になるようでしたら、自分の働き方の許容範囲と相談すべきだと思います。

過労死ラインと言われるのが残業時間「80時間」。

1ヶ月で「100時間」以上の残業となると、誰が見てもブラック企業です。

そんな中、定められた労働時間の目一杯まで（場合によってはそれを超えても）どうすれば働くのか、ブラック企業は、いかに長時間働かせるか、という発想が強いです。

このご時世に驚くべきことですが、悪気もなく「残業はうちは少なめで70～80時間くらい」と言う社長は実際にいます。

残業代の申請をさせないように、定時になればタイムカードだけ押させる会社すらあります。

そうした企業様からのオファーはお断りしているのですが、巧妙に隠されているケースもごく稀にあります。

自主的な残業という説明を受け、社員の方に聞いてみると、業績不振や営業数字の未達成など断れない状況を作り出して、やらざるを得ないと言って残業していました。

対外的には社員が率先してやってくれていると言いたいだけで、社員からは不満の声が上がっている状態だったのです。

転職後、慣れるまでは時間に制限なく目一杯やりたい、という人もいるでしょう。時間を使う目的が明確で、評価につながる動きでしたら自分に負荷をかけるのも有りだと思います。

ただ、負荷をかける時があることも理解できますが、負荷をかけなくて済む時はありますか？

また対価が支払われるのか、半強制的かつ無報酬の仕事になるのか、など残業に対する会社の考え方と、報酬体系の確認もしておきましょう。

残業がまったくない会社のほうが少ないのは厳然たる事実ですから、ある程度の残業はやむなしとする人はいます。

しかし、その「ある程度」の目安は持っておきましょう。

なし崩し的にサービス残業が常態化して、自分で仕事への負荷をコントロールできないとなると、大きなストレスがかかります。

ゆくゆくは身体を崩してしまうなど、また転職をしなければならなくなります。

転職自体は何度やってもいいと思いますが、転職はやはりそれなりに労力のかかる活動ですし、最初から見えているリスクは避けるべきでしょう。

就業時間の長さや、休みを削って出社しているという事実を評価してもらうのではなく、実績を出して評価を勝ち取るという意識に切り替えていきましょう。

業績を出すためにどうするか、実績を出している社員がどのように働いているのか、それは他の社員とは違う動きなのか、面接では働き方の実態と合わせて質問してみましょう。

「普通」という表現に潜む危うさ

その会社の「普通」は普通じゃないかもしれない

会社訪問時、面接時など、企業で話を聞く機会の中で、担当者に「普通」という表現を多用される場合は、警戒度を上げるべきです。

「ウチは普通ですよ」という発言は大体の場合信頼できません。

特に、人事部長など担当者が新卒から入社して、1社生え抜きの人物だった場合など、その会社で育まれた価値観が強く反映された「普通」であることが多いからです。

厳しい言い方をすると、会社内のルールを社会のルールだと勘違いしてしまっているわけですが、そういう人は驚くほど多く見受けられます。

転職者が、入社する会社のルールに合わせていくスタンスを持つことは、早期に活躍するために大事なことなのは間違いありません。

そういうものか、と会社のルールに則る姿勢もあって然るべきではあります。

しかし、出勤時間の1時間前に出社して掃除を30分するのが普通、就業後の上司からの飲みの誘いは絶対に断らないのが普通、など度を超えた社内ルールに馴染めずに、早期退職するというケースは存外に多いです。

ルールを押し付けている側にとってはそれが普通ですから、押し付けと捉えていないためギャップはますます大きくなります。

そこで役に立つのが、早期離職者がいないかどうか、いたとするとどういった理由かなどを確認することです。

こうした情報は、エージェントでないと持っていないものでもあるため、エージェントにその会社の「普通」を聞いてみるといいでしょう。

価値観は人それぞれですし、ルールへの許容範囲も同様です。

どうしても外から計りづらいものですが、年齢構成や、性別比、働く人たちのバックボーン（職務経歴）などまで知ることが出来ると、「社員同士の仲がいい」だけでは片付かない情報収集ができるかもしれません。

最近では、採用強化の一環として、人事担当に若手エース社員を配して、リクルーター（採用担当）として表に出してくるケースも増えてきました。

会社の顔として表に出てくる人なので、そこからも会社の社風や雰囲気をうかがい知ることができます。

まとめ

▶ブラック企業であることを自覚している会社は、聞こえのいい情報ばかりを出してくる。「なぜいい状態にできているのか」にフォーカスして、伝えられていない部分に不利益が潜んでいないか見抜こう

▶面接時に「この場で入社を決めて」と迫る会社はブラック企業のリスクがある

▶給与を高いように「見せかける」のが上手いブラック企業もあるし、残業について悪質な考え方をするブラック企業もある。働き方と報酬体系の実態を明らかにしておこう

▶転職エージェントを利用するならば、早期離職者がいないか、いたならどういった理由なのかなど確認するのも、ブラック企業を見抜くためには有効

ブラック企業に勤める登録者からのSOS

一度転職相談を受け、別のエージェント経由で転職した方から、1通のメールをもらいました。

当時、ご丁寧に他社で決めたという連絡があり、次は山田さんにまず声を掛けます、と言ってくれた方でした。

当たり前ですが、こちらは転職した後に、「また転職しましょう！」と持ち掛けるような動きはとっていません。

転職なさってから連絡を取らず、半年が過ぎたタイミングでのSOSの連絡でした。

入社して半年も過ぎると、社内の様子もわかってきて、その中には自分で変えられない事実や状況もつかめた頃です。

自分で決めた転職先なので、うまくいかない理由や、その解消に向けたアドバイスをするつもりでした。

しかし、会って話を聞いてみると、少しギャップがあるどころの話ではありません。ブラック企業の教科書ができるくらいのブラックぶりです。

そもそも同じタイミングで入社した他の3名はすでに全員退社。

部署異動で年下の上司Fさんが付くことになり、初めて部下を持ったFさんをフォローできる人もおらず、上に媚を売り、下には高圧的に出る典型的なお山の大将。

何時間も自分の感情をぶつけて問い詰めるばかりで、精神的にバランスを崩した人も複数名いたとのこと。

入社前の給与条件がいろいろ理由が付けられていまだに試用期間中の給与水準であることや、残業代が支給されるはずが支払われていないこと、などなど。

「こういうものでしょうか？」と、ブラック企業の価値観を押し付けられていた様子だったので、すぐに転職活動を再開することになりました。

転職活動中も応募先の企業に事情を隠さず伝え、働く環境も給与水準もすべてが向上した転職支援となりました。

比較する前の会社がブラック企業だと、全てが良くなる転職というものになるという実感と、連絡をもらえてよかったと感じた一件でした。

CHAPTER 5

転職しないほうが
いいことも

転職の「基準」はできているか

最初に内定をくれた会社に行く？

転職相談を受けた30代前半の男性は「最初に内定をくれた会社に行きます」と宣言していた人でした。

最初に内定が出た会社にご縁を感じること自体は、私も同意できる部分もあります。

しかし、なぜ最初の会社で決めるのかという問いに論理的に回答するものではありません。

彼は、会社名を指定して求人紹介を希望してきたので、だいぶ選択肢を絞っているのかと思っていたのですが、話を聞くとそもそも選択肢を広げようとしていなかったことがわかりました。

客観的に市場価値を知る機会がなく、転職活動をするのも初めてだったため、自分の技術やスキルが活かせる会社であれば同業他社だろうと数社に絞っていたという経緯でした。

環境は変えたいが、自分が行けるかどうかわからない、そんな自分に内定をくれる会社があれば断れない、という考えだったようです。

今は年間で20人に1人が転職している時代です。

周囲でも転職する人や、転職サイトに登録だけはしている人など、転職自体が身近なものになってきたと思います。

しかし、転職活動の仕方がわからないという声もよく聞きます。

「一社ずつ応募しないと失礼かと思った」

「内定が出たら断れないと思った」

今回の相談者はまさに、転職とはこういうものという価値観で可能性を自ら制限していました。

経験やスキルを評価してくれる会社があることや、自分の経験が異業界でも活かせることを知ったことで、今のキャリアに対する漠然とした不安が解消されて、今すぐ転職する必要性はないと判断するに至りました。

たしかに最初に受けたところで決める、という価値観の中で転職をして、業界や自分を捉えきれずに、漠然とした不安解消を転職で果たすことは難しかったと思います。

環境が変わることで別の不安も生まれたことでしょう。

転職活動で実際に求人に応募する段階では、一般的に今の会社と複数社を比較検討しながら、相対評価で絞り込んでいきます。

応募の段階から「内定が出たら、そこに行きたい！」と思える会社に出会えたとすれば、喜ばしいことです。

ただし、転職活動をしていく過程で、自分自身の選択基準ができあがって行くと、比較検討の必要もなく、絶対評価で転職先が決まることもあります。

いずれにしても、最初に内定を提示してくれた会社の存在が大きいことは確かです。

ほぼ同じ条件で複数社から内定が出た場合、先に内定をくれた会社を選択する人は多くいます。

企業から必要とされている、評価されているという感覚が増すせいかもしれません。

よくも悪くも最初の会社を基準にしてしまいがち

1社内定が出れば他社の評価や年収基準も知りたくなるのが心情です。

ただ、気をつけなければならないのは、最初の会社の条件が良くも悪くも基準になってしまいがちで、この給与より高いか低いかということだけが転職の基準となってしまうことです。

あえて内定通知を他社提示の後にするなど、後出しじゃんけんを仕掛けたがる会社もあります。

給与だけが基準ならば特段悪いことでもないのですが、その他にも大切にしたいと考えている要素はないのか、冷静に見なければいけません。

内定が出れば、それほど長い期間保留にしておけるわけではありませんので、選考が進んでいる状況で、自分は本当にこの会社に入社したいのかどうか、この会社で何をなし得たいのか、など自分が決めきれる条件を揃えていくことが大切なポイントです。

転職せずともキャリアが広がる術はある

従来のキャリアアップは社内での出世

日本の会社の採用手法の代名詞ともいえるのが「新卒一括採用」です。

終身雇用や年功序列、人口増加社会においての働き方という意味では、企業側にも労働側にも大きなメリットがあったと言えます。

企業側は若く、大量の労働力を手にできます。

組織をピラミッドとしてとらえた時に、上が抜ければ、下や同列から補充しながら組織が維持できる。

その1段目に毎年新卒が入社します。

人材側は給与をもらいながら仕事の訓練を受け、少しずつレベルを上げていける仕事に携わることができます。

定年退職まで安定した生活が送っていけるという意味では、どのピラミッドに入るかが大事であった価値観も頷けます。

つまり大手企業のキャリアアップとは、社内での出世であったと言えます。

また、同じ部署にずっと配属されているケースは少なく、ジョブローテーションとして営業、人事、企画など勤務先だけではなく職種も変わっていくケースもあります。

そうやって多様な種類の仕事に携わることで、ゼネラリスト（総合職）となることができて管理が仕事になります。

「あなたは何ができますか？」「部長が出来ます」と答えた話が揶揄されたこともありましたが、大きな組織では必要になる役割です。

しかし、中途採用の募集では即戦力を求める職種が多く、営業部に3年、人事部に3年、経理部に3年といったような、ジョブローテーションによって形成されたキャリアがアピールになりづらいことがあります。

求人に応募した他の応募者、つまりライバルは、いずれかの部門で9年やり続けたスペシャリストかもしれません。

さらに、長く在籍した部門であっても、職務から数年離れた状態だとすると、現在の手法やトレンドは知らないとみなされ、即戦力とはならない判断がくだされることもあります。

転職はあくまでキャリア構築の一手段

専門性が身に付かないため転職したい、という希望が多いのも大手企業在籍の人たちですし、自分が恵まれている状況にあることに気付かなかった人が、転職活動によってありがたみを感じて、転職をやめることが多いのも大手企業の人たちです。

社内でゼネラリストとしてキャリアへの道を進むことよりも、進みたい専門性を見つけた人にとって、大手企業では願ってもかなわないことのように思えるかもしれません。ただ辞める気になって、異動願を出したら受け入れられたケースもあります。

また、今の会社でやり切っていない仕事がある中、転職活動を始めた人が突き抜けた結果を出してあっという間にマネージャーになったこともありました。

辞める覚悟が出来た人は、限界をこえた発想と行動によって、環境を変えないと出せないと思っていた成果につながることもあります。

これは業務に限らず、人間関係やコミュニケーションにも同じことが言えます。

自分を知っている人たちに囲まれて仕事をすることのやりやすさは、移ってみてはじめて気付くことだと思います。

転職をすれば周りの人たちは見知らぬ人たちです。

確かに、良くも悪くも人間関係はリセットされますが、同時に信頼関係もリセットされてしまいます。

当然信頼を一から構築していくことになりますので、転職は一発逆転ではなく、結局自分次第でチューニングしなければならないキャリア構築の手段であることを忘れてはいけません。

自分の不満を掘り下げる

何をどう評価する会社なのか、どう評価して欲しかったのか

会社が入社する人を選ぶように、人も会社を選んでいます。

職務内容はもちろん、会社のビジョン、諸条件などに納得して転職先を決定しているわけですが、会社に求めるものは人によって差があります。

条件や環境など多くを求める人もいれば、最低限の保証さえあれば、あとは自分でやっていこうと考える人もいます。

それでも会社という組織である以上、何を評価する会社なのかを知るのは重要です。

しかし、転職しようとする人の多くが自分に対する評価に不満があって転職を検討するのに、転職先の評価基準を確かめようとはしません。

職種にもよりますが、評価も定量評価（数字化できる業績など）と定性評価（プロセス、姿勢、気持ち、考え方など）で総合的になされる会社が増えてきました。

たいていの企業でこの評価が給与や昇降格などの処遇に直結しています。

退職理由が評価への不満だった場合、自分は何をどう評価してほしかったのかなど、不満の理由を掘り下げていかないと、転職先でも同じ不満を抱えてしまう可能性があります。

一人で業績を立てることを評価する会社と、チームで達成に価値を置く会社と様々です。

不満の原因は自分になかったかを問う

不満解消の手段として転職する場合は、あらたな不満が生まれる可能性を低くしながら、一方で不満を感じた自分に原因がなかったかという捉え方をしないと、また不満だから転職します、ということになりかねません。

企業も転職エージェントも「他責」という表現をよく使います。

これは問題の原因が自分ではなく、他の原因だったので私は悪くない、とする考え方を指していて、仕事でなにかミスがあった時に、「自分事として確認しなかった自分も悪かった」ではなく、「サポートしない周りが悪かった」というような捉え方をすることを表します。


もちろん、なんでもかんでも自分の責任だと抱え込む必要はありません。

ただ、自分が出来ることはなかったのかという問いかけもせずに、問題を問題としてとらえない傾向が出てしまうのを避けましょう、ということです。

今の環境に不満があるが自分で解決に導く方法はなかったのか、という問いかけをしてみた時に、転職の前にやることがあった、という気付きにつながり、転職をしなかった人がいます。

転職した会社での1年と、今の会社で続けた1年には、どんな違いがあるのか。

今までの自分の視点と違う視点で捉えてみると、実現したい未来は今の会社の方が近道であることも十分に考えられるのです。

転職で叶えたいことを明確にできているか

忘れてしまいがちな転職理由

転職で叶えたいことは何ですか？

転職支援の際に、何度も繰り返し聞く質問ですが、仮に、その転職理由が解消されないとしたら、転職することの意味はどこにあるのでしょうか。

転職する人は、なんらかの満たされていない要素があるから、次の機会を求めるわけです。

それらは、当然ネガティブなものが多いですが、それが悪いことではありません。

基本的にしたいことよりも、したくないことのほうが明確になっているものです。

将来こんなことをしたい、というイメージが作りづらい人でも、毎日深夜まで残業はしたくない、複数の上司から矛盾する指示を受けたくない、実績を評価されないのはいやだ、などしたくない、されたくないことは出てくると思います。

しかしそうしたネガティブな転職理由は次のようにポジティブに言い換えられます。

- 一方的な指示で業務をすることに疲れた　↓　業務の幅を広げたい
- 給与が低すぎる　↓　実力主義で、やった分評価して欲しい
- 人間関係に疲れた　↓　お互いが尊重して助けあう環境で仕事がしたい

時間がかかるほど転職自体の目的化が起こる

転職を選択肢に加えて転職活動をスタートして、1ヶ月以内で転職が決まる人もいれば、数年間、活動を続けている人もいます。

活動期間の長さに関わらず、選考が見送りとなれば落ち込みますし、志望意欲が高かった企業であればなおさら、気持ちの切り替えができない時もあるでしょう。

応募したい企業が無数にあるわけではないので、焦りも出てきます。

そうなってくると、転職で叶えたいことに向かっていたはずの気持ちが、転職が出来ればいいやと、転職自体が目的化してしまうことがあるのです。

内定が出たという事実は喜ばしいことですし、あなたを必要としているという口説き文句を受けることもあるでしょう。

しかし、うっかり転職理由が叶うかどうかを忘れてしまうのが、こんなタイミングです。

転職してすべてが好転するとは限りません。

それでも、転職するのは○○のためだ、と言い切れないとすると、転職に待ったをかけるのは自分になってしまうかもしれません。

何のために、何が叶えたくて転職するのか、明確にできなくなってしまったことに気付くことがあれば、今一度立ち返って考えていただくことが、よりよい未来の選択につながることと思います。

まとめ

▶内定が出たらそう長くは回答を保留できないのが普通。何が基準なのかを予め決めておくのが大事

▶転職では、よくも悪くも人間関係はリセットされる。一から信頼関係を作らなければいけないことを覚えておこう

▶転職理由となっている自分の「不満」を掘り下げてみよう。何を評価して欲しかったのか、何が自分にできたのかなどを明らかにし、転職先の評価基準を明らかにしないと、その「不満」は転職先でも発生するかもしれない

▶何が叶えたいから転職するのかを意識しておこう。自分の中の不満やネガティブなことを言い換えるとヒントがある

▶転職に時間がかかるほど、「転職すること」自体が目的になってしまいがち。よりよい未来のために、何を望んだ転職なのかを思いだそう

転職回数の多さを忌避する会社は多い

私に転職支援を申し出てきたFさんは過去に転職すること8回。9社目の会社を探していました。

8回も転職するなんて、と多いように思う方が大半でしょうが、逆に考えると8社から内定を勝ち取った人です。

会話にストレスを感じさせることもないですし、いわゆるクセの強い人ではありません。営業職で実績もあり、採用したいと思う要素があります。

それでも転職を繰り返してきた理由を聞くと、会社の倒産もあり、理不尽な事実もあって致し方ない部分もありました。

9回目も前向きな転職活動を始めますが、今まであまり感じなかった逆風を感じた、とのこと。

中長期同じ会社に勤めることでチャンスが巡ってくるマネジメントの経験がないことや、履歴書に並んだ8社の社名、そして40歳という年齢、なかなか書類応募が通らず面接まで進めないそうでした。

やはり厳しいのは9回という転職回数です。

転職事由が自身の性質などに関わるネガティブなものでないことや、豊富な経験則などを丁寧にまとめ、伝えることで無事転職されましたが、日本企業は本当に転職回数が多い人に根強い拒否感を持っているのが現実です。

転職回数が多いと定着しないのではないか、採用したところでまたすぐに辞めてしまうのではないかという危惧を抱くのは旧来の日本的労働の価値観から見ると自然なことです。しかし、転職回数とその人が会社に定着するかどうかの相関関係はほとんどないという意外な研究結果も出ています。

転職が当たり前になりつつある現代、なぜ転職するのか、何をなし得たいのかという部分を企業にしっかり伝えることで、転職回数の多さも気にされない時代が来るかも知れません。

とはいえ、転職回数の多さはどうしてもマイナスに捉えられることが多いのが事実ですから、リスクを抑えるためにも、慎重に「いい転職」をすべきでしょう。

CHAPTER 6

転職活動スキルは生き続ける

マルチステージの時代
起業・副業も選択肢に

新しい時代の働き方は会社勤めに限らない

教育を受け、仕事をして、引退する。

何十年もの間、日本で当たり前だった3つのステージで人生が分類されていた時代が、いよいよマルチステージの時代を迎えました。

マルチステージとは複数のキャリアをもって、多様な人生を歩むことを指しているわけですが、なぜこのような考え方が必要とされているのでしょうか。

日本はすでに人口減少社会、少子高齢化へと構造的な変化が始まっています。

総人口は平成23年以降一貫して減少。

平成27年には75歳以上人口の割合が0～14歳人口を上回っています。

全体的な人口減に伴う労働人口の減少だけでなく、技術革新などの変化も早い時代において、働き方だけがそのままというのはしっくりきません。

今までの当たり前やルールづくりの前提が変化していく以上、自分がどう生きていくのか、働き方にも多くの選択肢を見据えておくべきだと考えます。

定期的な収入や、自分が動けなくなった時の保険といった面で比較すれば、起業するよりも会社に入った方が安定している、と言えるでしょう。

しかし、会社に入れば一生安泰とも言えません。

全ての企業が40年以上安定して利益を生み続けられるわけではありません。

何度かご覧になったこともあるでしょう。

著名な上場企業でも、いきなり会社が倒産してしまうことだってあり得ます。

安定を望むことは当然だと思います。

幸せに生きるために安定していなければ、計画も立てられません。

ただ、その安定を30年、40年と、ひとつの会社にずっと求めるのは非常に難しい、という話です。

一職種の専門職（スペシャリスト）としてのキャリア、管理職などゼネラリストとしてのキャリア、出世の階段を上りつめて社長を目指すなど、キャリアステップを複数用意して社員に提示する会社も増えてきました。

しかしこれはあくまで会社という枠の中で用意されたキャリアや働き方です。

会社外に目を向けることで、キャリアを構築する選択肢が他にもあるという事実を見ておくべきです。

例えばそのひとつの選択肢が「副業」です。

副業と言われると、本業として会社勤めをしていて、会社には言わずにこっそり行っているイメージを持つ人が多いのではないでしょうか。

仕事以外の時間は誰のものか、など副業に関する議論が進みつつある中で、副業を明確に認める会社も出てきました。

エンジニア職の人が外部プロジェクトに個人で参加して、得た知見を本業でも発揮していくといった相乗効果が生まれている例もあるようです。

またあるいは、本業として会社に勤めながら起業し、趣味や本業での経験をコンサルティングすることで収入を得ている人もいます。

起業はリスクが大きく、自分には無理だろうと決めつけてしまう人が多いのですが、大学生で学生起業をしている人も多く存在していますし、家族との時間を確保しながら、必要としてくれるところへ経験を伝えていくことにやりがいを覚えて、定年後に会社を立ち上げた人もいます。

生き方に働き方を重ねていくひとつの例だと思います。

マルチステージを体現している人たちの方法は、できるかできないかではなく、どうすれば複数のプロジェクトを自分がやっていけるかという思考も含めて大いに参考になります。

自分が優先したい生き方を実現するための働き方、という視点から仕事を模索していく方法も多様化してきました。

最近では業務委託のマッチングサイトでプロジェクトごとに参画者を募ったり、フリーランスが登録するマッチングサイトが登場するなど、実際に働き方を限定した、「正社員ではないが仕事がある」という情報が可視化されつつあります。

会社に貢献できる技術を磨き上げたその将来、その技術が、ＡＩに取って代わられるかもしれません。

ただ、ルールが変わることや技術の進歩におびえるのではなく、自ら適応して変わっていく、変えていくことこそ、キャリア構築だということです。

転職活動で得たものは今の仕事にも活かせる

自分を見つめ直すことで気付き・成長につながる

自分のことを知らない人へ自分を伝えるために、自分と向き合うことが転職活動です。結果的に転職をしなかったとしても、転職活動によって、

- 他者目線を入れることで、客観的に自分を知ることができる
- 自分に関する過去の事実と、その時なぜそう思ったのかという感情の源がわかる
- 相手に伝えたい自分をまとめることができる

今まではっきりしていなかった、これらの項目がわかってきます。

いわば、自分の取り扱い説明書ができ上がっているはずです。

たとえば、どういった職務にやりがいを覚えるかという点を自分が明確に把握できていると、メリハリをつけて職務にあたることができるようになります。

さらに、自社や企業研究を重ねていくと、自分や自社が置かれている現状、立ち位置など俯瞰で物事を見られるようになります。

こんな時に気づきがあるもので、過去にこんなケースがありました。

新卒入社7年目の20台後半、営業職の方で初めての転職活動をスタートさせた人がいました。

管理職としてマネジメントにチャレンジしたいが、今の会社では辞める人が少ないためポジションがなかなか空きません。

そこでプレイングマネージャーとして求人があった同業他社への転職を希望していました。

転職先候補として他社と、自社も属する業界研究をした時のことです。

営業の時に差別化という言葉はよく使っていたものの、自社と他社の本当の違いは何なのか、業界トップになるにはどうしたらいいのだろう、と今まで考えてもいなかったことに気がついたそうです。

また、候補先企業との面接で話をするうちに、プレイングマネージャーという役割ではあるものの、現場に出ることはかなり減り、部下の行動管理がメインとなる職務内容でした。

自分を振り返り、お客様が喜んでくれる姿にやりがいを見出していたことに気づいていたため、没頭できる元の仕事で成果を出していくことになりました。

マネジメントについてもあきらめたわけではなく、今の会社でマネジメントになるにはどうしたらよいか、ということを上司にも相談して自ら積極的に業務改善にも取り組むようになりました。

このように、転職活動を介した気づきを得ることで、目の前の仕事をこなすことで精いっぱいだった自分から、全体の業務改善などの行動にまで移せるようになったのです。

自社の業界における立ち位置と、他社との違いも見えてきたことで、まだ改善余地があることに気づいて、自社で業界シェアを取りに行く、と今もがんばっています。

前章でも触れましたが、転職を考えた際の動機が満たされたことで転職しなくなるというケースは比較的多いです。

今の会社では叶わないと思っていたことが本当に叶わないのか、見極めは難しい部分もありますが、転職活動をしたからこそ可能性が見えてくる、ということは多いのです。

また、他者目線や採用する側の目線に触れる経験や、異なる価値観を持つ人たちがいることへの気づきが得られることも貴重な経験になります。

例えば、今の大学生はその企業と一生添い遂げようと思って入社していません。価値観が違う前提で話をしていかないと、上は「言っていることが通じない」悩みを抱え、下は「言っている意味がわからない」悩みを抱えてしまいます。

社内でキャリア相談される機会があった時に、同じことを思ってこんな取り組みをした、というアドバイスがどれほど心強いか、ぜひ力になってあげて欲しいです。

「他者目線」でキャリアをチューニングする

キャリアプランは曖昧な部分があっていい

私自身は、元々はどう生きるか、どう働くかという問いかけを普段からあまり意識するタイプではありませんでした。

目の前の仕事に向かうことに精一杯でしたし、転職活動を始めたことで自分に向き合い、ラフではあるけれどもキャリアプランが立てられたことを覚えています。

「転職先の会社には、入ってみないとわからないことのほうがたくさんあります」というのは、転職エージェントとして仕事をしている以上、言ってはいけない言葉かもしれません。

しかし、どれだけ事前に情報を取得して知ったつもりになっても、会社も、働く人も、環境も、あなた自身だって変わります。

むしろ変わることのほうが自然です。

変わりながら、目の前の仕事に精一杯取り組んで、習慣になって、そして積み重なったものがキャリアです。

社会構造もルールも変わっていく中で、5年先を見通すことはとても難しいことだと思います。

ですから、キャリアプランも完璧なものである必要はありません。

ある程度でいいので、しっかり考えたものを立てたら、予想を超えて変化していく環境に合わせていけばいいのです。

選択したキャリアが想定からいい意味でズレているのか、悪い意味でズレているのか、今の状況をチェックする意味でキャリアのチューニングと表現しています。

また、キャリアのチューニングは自分だけで行わず、客観的な目線で振り返るのが効果的です。

私たちの意識はいい加減なもので、ともすれば自分にとって都合のいい解釈をしてしまいます。

健康診断のように行う定期的なチューニングの機会は、柔軟性を持てているかどうかのチェックでもあります。

- 社会は今どのように変化しているか
- 自分はその変化に気付いているのか
- 変化を楽しめる自分でいるか

実はこの変化への対応ができる自分とは、結局楽しく仕事をして充実していることが重要だと思うのです。

目の前の仕事に一生懸命取り組んで、相手に喜ばれたり、あなたに紹介したい人がいると言ってたくさんの縁を繋いでくれたり、そういうことこそ、生き方と働き方が重なっている瞬間だと思っています。

今働く自分がどういう状態にあって、より良くするためにはどうするのか、常に問いかけながらフルパワーを発揮できる状態に整えていくというのも、変わっていく自分や社会と調整しながら進めていくキャリア構築の基本となっていきます。

転職は生き方に働き方を重ねる手段のひとつでしかありません。

自分の生き方を自分で選択する自由を持って、自分がキャリアを選択していく世の中になったと捉えれば、選択基準は生き方に沿っていくものだと考えます。

会社や家と同じように、キャリアチューニングができる機会やコミュニティを持つことをお勧めします。

年収交渉をしやすいタイミングとは

面接評価が低ければ年収交渉に意味は無い

年収は会社の給与水準、業界のビジネスモデル、人材の直近年収などが基本となって決定します。

結論から言ってしまえば、年収交渉がしやすいタイミングというのは、企業があなたに対して「来てほしい！」と思っているタイミングです。

間違いないのは選考なしでオファーがあったタイミングで「いくらだったら、うちに来てくれますか？」という状況が、自分を最高値で売り出せるチャンスです。

採用したいことは決まっていて、あとは条件次第という状況が作れれば、希望年収を勝ち取る可能性がぐっと高まります。

こうした状況はヘッドハンティングされた状況でたまに見られるのですが、日本ではヘッドハンティングという言葉でひとくくりにしづらい状況があります。

というのも、ヘッドハンティングという同じ言葉の中にいくつか異なる手法が混在しているためです。

- 企業から特命を受けて、特定の個人に入社してもらう手法
- 企業からの求人情報によって候補者をリストアップして、転職潜在層にもアプローチする手法
- 一定の条件に適合する候補者に対して転職支援をさせて欲しいとアプローチする手法

しかし、一般的な転職の場合は、面接を受けて、最後にあなただったらいくらで採用したい、というオファーになるので、希望年収を伝える以外に、あまり交渉の場面がありません。

最初に企業が想定している年収帯と、応募者が希望している年収帯を書類や企業への紹介時にすり合わせます。

しかし、ここでは交渉にはならず、あくまで双方の希望をテーブルの上に並べただけです。

書類選考の段階で、転職エージェントは現在の年収と、希望の年収を明記していることが多いです。

希望年収と実際に企業が想定している年収に大きく差があれば、書類選考の段階で確認が入りますが、書類選考が通過したからといって、希望年収が出るわけではない点に注意が必要です。

その後の選考を通じて、面接での評価が高くて希望年収との差が少なければスムーズに内定と希望年収額でのオファーとなります。

しかし、面接での評価が低くて内定は出るけれども、希望年収には届かないオファーもあり得ます。

また、面接での評価が低くて希望年収との差が大きければ、採用にも至りません。

つまり、面接評価が低い状態での年収交渉は全く意味がないということです。

結局のところ、決定権がどちらにあるか、という話に集約されます。

どうしても来てほしいと思っている人であれば、企業は交渉に応じることがありますので、1回目の面接が終わった段階が、交渉しやすいタイミングと言えます。

会社によっては、提示は抑えられているけれども、実績を積むことで給与水準が想像以上に上昇カーブを描くこともあります。

1年目の提示にこだわらず、向こう3年でどこまで伸ばしていけるか、という見方のほうが選択肢は広がるはずです。

面接開始1分で内定が勝ち取れることもある

最終的には人間性や相性が見られる

成長著しいＩＴ企業の採用支援をしていた際に、業界未経験の若手営業人材をご紹介した時の話です。

候補者は特に年上から可愛がられるタイプで、心に芯を持っていて、動きながら考えられることから異業界でも活躍の場があると確信していた方でした。

しかし、転職活動は難航します。

やりたいことと、できることがなかなか重ならなかったことや、業界未経験を覆すだけのアピールが不足していたことなどが原因でした。

それでもあきらめずに活動していた最中、あるＩＴ企業の最終面接まで進んだときのことです。

最終面接が始まって1分で、「内定です！」と社長の笑顔とともに口頭で内定をいただくことになりました。

面接に同席をしていたので、思わず私も笑ってしまいました。

最終面接前に、事前に本人から内定が出たら絶対に行きたい、という話をいただいていたこと、それを企業に伝える同意も得ていたため、企業の副社長と事前協議もしていました。

お互いの直感は正しく、また多少のギャップがあったとしても、活躍してくれているようです。

社長や役員が相手になる最終面接では、スキルチェックよりも、現社員と円滑にやっていけるかどうか、仕事へのスタンスと会社の方針が合うかどうかといったような、内面的な、人間性とも言うべき部分を見ていることが多いです。

そこで、ピンときての採用となったようでした。

企業が求める人材は、時にスーパーマンのような何でも高いレベルでやってくれる「人」を求めがちです。

勝手を言うなあ、と思いますが、それは好条件の求人を探す人にも同じことが言えます。

お互いに、こんな会社であればいいのに、こんな人であればいいのに、という理想の希望だけ並べていてもマッチしません。

企業は任せるコトを明確にして、人材は発揮できるスキルを明確にすることで同じ目線で話が出来るようになります。

企業が本当は何を任せたいのか、副社長との個人的なつながりを通じて把握できていたことが、大きな決め手となりました。

仕事が楽しいという連絡を定期的にいただけることが、私自身のやりがいにもつながっているケースです。

まとめ

▶マルチステージの時代、自分がどう生きていくのか、働いていくのかにも選択肢を用意しておくべき。転職だけでなく、副業や起業も含め、自ら適応し変化していく意識を

▶転職活動で得た気づきが今の仕事に活かされることもある

▶キャリアプランは客観的な目線でチューニングしよう。環境の変化を踏まえ、今の自分がどういう状況で、どうすればよりよくなるかを考えるのが大切

▶年収交渉は面接評価が高くなければ無意味。「来て欲しい！」と思わせて初めて交渉できる

▶会社が任せたいことが明確に、転職者が発揮できるスキルを明確に互いが認識できてはじめてマッチする。そのうえで、最終面接では人間性や相性などが見られることが多い

管理職未経験からでもそれを見据えた採用で大成功

ある企業のグループ会社に大きな課題を抱えている会社がありました。

長引く業績低迷や利益率向上などの経営課題解決のために人材採用することになり、人物像の特定から相談を受けた事例です。

ビジネススキームから抜本的な立て直しが必要となる採用だったので、口も手も動かしながら、推進力も求められ経営者採用といってもいい内容です。

具体的に任せたいコトが明確になっているものの、そのすべてを一人で対応することには難しさも感じるポジションでした。

それこそ時間がいくらあっても足りないと想定される中で、小さなお子さんを二人抱える女性をご紹介することにしました。

時間生産性や働き方にこだわりを持った方で、管理職として経験が豊富というわけではないものの、業務改善や社内プロジェクトに名を連ねることが多いタイプ。

論理的でシンプルに言葉を伝える中に、相手を気遣う器もあって、意思決定に際して何よりぶれない胆力をお持ちでした。

一方、共働きで家事もこなすため、残業が奨励される文化の会社では働きづらい状況。業務改善しながら、経営を立て直して、そしてゼロイチで企画も推進する。さらにグループ会社の女性が働くロールモデルになっていただくという役割も含めて、多方面での期待がかかる採用でした。

できることとやりたいことの重なりが大きく、なおかつ働き方もお子さんの成長に合わせて変えていけるメリットもありましたが、期待値が大きく、ミッションは広範囲で簡単なコトではありません。

いいところも、懸念材料もお伝えしきった時に「面白そう……」とつぶやかれたところで、この人しかいないと思いました。

選考もとんとん拍子で進み、条件は希望通りで内定。

入社後は新しいプロジェクトを始めたり、社内の調整事が思ったよりも複雑だったり、と気付きを得ながら、それでも臆することなく圧倒的な推進力を発揮していきます。

入社して1ヶ月で社内で噂になり、半年が過ぎることには実権を握っていた彼女は、1年後にグループ会社の代表取締役に昇格されました。


どうしたらできるかを考え、自分が率先して動くタイプの人なので、今もお会いするとずっと前のめりの改善案や組織強化の話になります。

「こういうことを進めたいんだけど、どんな人材が適していると思いますか？」

私もいつの間にかHR部門を担っているかのように、巻き込まれて楽しんでいます。

組織も大きくなり、「もっと任せていけば、いろいろなことが出来るのがわかっているから、まだまだです！」と笑う社長のもとに、また人が巻き込まれていきます。

おわりに

ここまでお読みいただいて、ありがとうございました。

多くの転職相談を受けてきて、年収が上がる転職、下がる転職にはどういった違いがあるのか、自分なりに見えてきたものがありました。

何によって年収を決めているのか、といった企業側の考えに触れることができたことも大きかったのだと思います。

年収が上がる転職のパターンもお伝えしましたが、上がればそれで幸せというのもちょっと違うのが難しいところです。

本書で、「転職」と「転職活動」の意味を明確に分けてお話したのも、転職を煽りたいのではなく、転職活動をすることによって自分がどうしたいのか、生き方に目を向けて欲しい思いからです。

生き方が違うのだから、働き方の選択基準も本来それぞれであるはずです。

社会構造は変化して、年功序列・終身雇用制度が瓦解し、ビジネスモデルのサイクルはどんどん短くなっています。

おわりに

会社に入れば、それで後は何とかなる時代ではなくなってきたという自覚が必要な時代だと感じます。

否が応にも、働く側にも変化が求められ、働くことを主体的に選択していかなくてはならないとすれば、自分がどんな判断基準を持っているかを捉える必要があります。

その時々でキャリアを点として捉えるのではなく、変化を前提としながら持続するキャリアを自分が作り上げる。

それこそが生き方と働き方を重ねるという考え方です。

誰もが仕事で嬉しかったことや、没頭して時間を忘れて働いたこと、他のメンバーと一体感を感じてやりきった充実感など、仕事に関する思いや記憶があると思います。

転職活動を始めることで、自分が大事に思っていることが定義付けられたら、働くことの充実感を得られる働き方を目指せるかもしれません。

本書がきっかけとなって、充実した生き方につながる仕事に出会えることを願ってやみません。

著者略歴

山田 実希憲（やまだ・みきのり）

ジェミニキャリア株式会社　取締役／転職エージェント

1979年生まれ。法政大学社会学部を卒業し、リフォーム会社に入社。500世帯以上の住まいと人生に関わる。

入社して10年が経過し、生き方と働き方のズレを感じたことから、30代で初めての転職活動を経験。そこで、転職のための活動が自分と向き合う機会であることや、キャリア相談をする相手の必要性、経験や市場価値を客観視する重要性などを実感。転職エージェントとして「生き方」に「働き方」を重ねるための転職支援をスタート。

累計5,000名を超えるビジネスパーソンの相談を受ける。

現在は経営コンサルティングと人材紹介事業会社であるジェミニキャリア（ジェミニストラテジーグループ）において、キャリア相談窓口を広げる一方、企業の経営サポートを行う。

年収が上がる転職 下がる転職

2019年 11月22日　　第1刷発行

著　者　　山田　実希憲

発行者　　八谷　智範

発行所　　株式会社すばる舎リンケージ

〒170-0013　東京都豊島区東池袋3-9-7　東池袋織本ビル1階

TEL 03-6907-7827　　FAX 03-6907-7877

http://www.subarusya-linkage.jp/

発売元　　株式会社すばる舎

〒170-0013　東京都豊島区東池袋3-9-7　東池袋織本ビル

TEL 03-3981-8651（代表）

03-3981-0767（営業部直通）

振替 00140-7-116563

http://www.subarusya.jp/

印　刷　　ベクトル印刷株式会社

落丁・乱丁本はお取り替えいたします。

ISBN978-4-7991-0867-3